AF451394

DES

GARANTIES

OFFERTES AUX CAPITAUX

ET AUX AUTRES GENRES DE PROPRIÉTÉS,

PAR LES PROCÉDÉS DES CHAMBRES LÉGISLATIVES, ETC.

IMPRIMERIE ANTH°. BOUCHER,
rue des Bons-Enfans, n°. 34

DES

GARANTIES

OFFERTES AUX CAPITAUX

ET AUX AUTRES GENRES DE PROPRIÉTÉS,

PAR LES PROCÉDÉS DES CHAMBRES LÉGISLATIVES, DANS LES ENTREPRISES INDUSTRIELLES ET PARTICULIÈREMENT DANS LA FORMATION DES CANAUX;

ET DE L'INFLUENCE

QUE PEUT AVOIR UN CANAL DU HAVRE A PARIS SUR LA PROSPÉRITÉ DES VILLES COMMERCIALES DE FRANCE.

PAR CHARLES COMTE, Avocat.

Ne forçons point notre talent,
Nous ne ferions rien avec grâce.
(LA FONTAINE.)

A PARIS,

CHEZ DELAFOREST, LIBRAIRE-ÉDITEUR,
RUE DES FILLES-SAINT-THOMAS, N°. 7.

1826.

DES

GARANTIES

OFFERTES AUX CAPITAUX

ET AUX AUTRES GENRES DE PROPRIÉTÉS,

PAR LES PROCÉDÉS DES CHAMBRES LÉGISLATIVES, ETC.

CHAPITRE PREMIER.

Des enquêtes publiques et de la liberté de la défense, dans la formation ou l'abrogation des lois qui affectent des intérêts individuels ou collectifs.

Un des caractères particuliers à notre nation, c'est la prétention d'aller vite; en toute matière, en guerre, en justice, en administration, en industrie, en législation, nous aimons à procéder d'une manière prévôtale. Un prince, placé sous l'un des deux pôles, ne se conforme-t-il point à notre politique, vite! cinq cent mille hommes sous les armes; en avant, marche; quand le froid sera venu, nous songerons aux vêtemens et aux vivres, si l'ennemi n'y songe pas pour nous. Des troubles se manifestent-ils quelque part, vite! des soldats, des gendarmes, des prévôts; qu'on tue d'abord, ensuite on fera justice. Voulons-nous faire baisser, par mesure administrative, les intérêts des capitaux; vite! qu'on se hâte, qu'on rassemble de l'or de toutes parts, et qu'on en jette tant à-la-fois dans les mains des créanciers, que ne sachant qu'en faire, ils nous les prêtent pour rien; nous connaîtrons plus tard les effets qui résulteront de nos mesures. L'idée de former des canaux se présente-t-elle à notre esprit, vite! des ingénieurs, des ouvriers et surtout des millions; qu'on mette la main à l'œuvre, qu'on nivelle le terrain, qu'on le creuse, et qu'on y mette de l'eau; quand cela sera fait, nous examinerons ce que cela coûte et ce que cela produit.

Mais en même temps que nous avons la prétention d'être la nation la plus expéditive du monde, nous sommes celle qui sait le moins où elle va, et qui arrive avec le plus de lenteur aux fins qu'elle se propose. Jamais, chez nous, une question n'est irrévocablement jugée ; jamais nous ne voyons la fin d'une entreprise. Nous travaillons à notre législation comme Pénélope travaillait à son ouvrage ; nous défaisons dans les ombres de la nuit, ce que nous avons fait à la clarté du jour. Nous portons dans l'exécution de nos monumens l'esprit que nous portons dans la formation de nos lois ; si nous ne les renversons pas avant que de les avoir terminés, nous les laissons presque toujours imparfaits ; nous dépensons des millions pour en jeter les fondemens ou pour en élever les colonnes, et puis nous les laissons découverts ou nous n'y mettons pas de vitres, par esprit d'économie. Nous faisons des frais énormes pour creuser des canaux, et nous les abandonnons au moment d'arriver au but ; ou si, quand ils sont terminés, une écluse vient à se rompre, nous nous abstenons de la réparer, de peur qu'elle ne nous coûte trop d'argent. Nous consacrons à nos grandes routes trois fois plus de terrain qu'elles n'en exigent ; mais quand elles sont faites, nous les laissons devenir impraticables, parce qu'il nous en coûterait trop de remplir les ornières ou de boucher les trous. Nous agissons dans nos entreprises particulières de la même manière que dans les entreprises publiques : nous construisons des maisons qui ressemblent à des palais; nous les remplissons de tableaux ou de statues; mais nous nous croirions coupables de prodigalité, si nous payions un homme pour nettoyer le pavé, et nous marchons dans la boue. Nous ornons nos boutiques de glaces, de tableaux, de dorures; et quand nous avons payé le peintre qui a fait l'enseigne, le marchand qui a fourni les glaces, et le doreur, il ne nous reste plus d'argent pour payer le fabricant qui doit y mettre des marchandises.

Si nous recherchions les causes de ces contradictions apparentes, peut-être les trouverionsnous dans les habitudes de faste, de dissipation, d'imprévoyance, de versatilité, que donnent les gouvernemens arbitraires, habitudes qui sont enracinées dans l'esprit des hommes mêmes qui se croient les amis les plus zélés de la liberté. Nous allons vite en effet, mais en quoi? ce n'est pas dans l'exécution de ce que notre intérêt exige de nous; c'est dans les recherches, dans les délibérations qui devraient précéder nos entreprises. Tout examen nous fatigue, tout calcul nous semble une entrave donnée au génie; nous croyons agir

en hommes supérieurs, en hommes en quelque
sorte inspirés, quand dans la réalité nous agissons comme ces despotes qui, ne connaissant,
ni ne ménageant rien, s'imaginent qu'il suffit de
commander pour que les choses soient faites, et
qu'elles soient bonnes. On se tromperait si l'on
croyait que cette disposition est particulière aux
hommes qui ont contracté l'habitude d'exercer
un pouvoir sans limites ; elle se trouve chez les
hommes qui ne sont jamais sortis de la vie privée, et souvent même chez ceux qui hasardent
leur fortune dans des entreprises individuelles.
Rien n'est plus commun que de rencontrer des
hommes qui, n'étant pas privés de bon sens,
s'engagent dans des entreprises de ce genre, sans
qu'il soit venu dans leur esprit de se faire une
des mille questions de la solution desquelles ils
vont faire dépendre l'existence de leurs familles.
C'est bien autre chose chez les hommes qui
écrivent des systèmes ou qui peuvent donner
des ordres; pour eux, il n'existe point de différence entre un projet conçu et un projet accom-
pli. On pourrait en citer mille exemples ; en
voici un qui est relatif au sujet dont je m'occupe;
il m'est fourni par l'auteur anonyme d'un écrit
récent dont quelques journaux ont fait un pom-
peux éloge :

« Le lit de ce canal maritime (du Havre à Paris) est tracé; les obstacles sont reconnus et vaincus. Une société intelligente et puissante en a constaté et apprécié les travaux, les plus habiles ingénieurs sont dans le conseil ou dans l'exécution. Cette société est secondée et dirigée par des hommes éminens par leur position sociale, recommandables par leurs lumières et leur expérience. Des dépenses considérables ont été faites pour préparer l'exécution de ce grand projet; les capitaux ne manqueront point pour l'ouvrir et pour l'achever; les résultats en sont calculés; tout est prévu, tout est considéré, tout est prêt : une loi seule est à propos, une loi seule est à rendre. * »

Qui ne croirait, en lisant ces paroles, que la mer, pour arriver aux portes de Paris, n'attend plus que la permission des députés, de nos ministres ? Et cependant, quel est celui qui a calculé la dépense du canal qu'on projette, et les revenus que produiront les capitaux qui y seront consacrés ? Quel est celui qui a examiné les diverses manières dont une multitude d'intérêts seront affectés, par l'exécution d'une telle entreprise ? Quel est celui qui s'est seulement donné

* *Paris port de mer*, pages 14 et 15.

la peine de démêler les divers genres d'intérêts qui en sollicitent la formation ou qui s'y opposent ? Si, pour avoir quelques idées exactes à cet égard, vous interrogez les hommes les plus éclairés, les uns vous assurent qu'ils ne possèdent aucune donnée propre à soutenir ou à combattre le projet qu'on propose; les autres, sans se prétendre plus instruits, croient que c'est perdre son argent que de le consacrer à l'exécution d'un projet semblable. Cependant, s'il est soumis aux Chambres, personne ne demandera à être éclairé avant que d'aller aux voix; on votera comme ferait une société d'aveugles qui serait chargée de décerner un prix de peinture.

Il est, en France, deux sortes d'opinions qu'il serait difficile de concilier. A nos yeux, nous sommes incontestablement la première nation du monde; il n'est aucun de nous qui se permette d'en douter, et encore moins de dire qu'il en doute. Mais en même temps que nous nous plaçons ainsi nous-mêmes à la tête des nations, nous avons l'humilité de reconnaître qu'en une multitude de choses nous sommes toujours en arrière des autres : pour abaisser nos magistrats, nous les mettons en opposition avec les magistrats anglais, et nous présentons ceux-ci comme des colosses, tandis que ceux-là nous paraissent à peine des pygmées ; pour encourager nos fabricans, nos commerçans, nos marins, nous leur donnons pour exemple les fabricans, les commerçans, les marins de l'Angleterre ; pour élever l'esprit public parmi nous, nous parlons de l'esprit public de la nation anglaise ; enfin, notre peuple, qui se croit le premier de l'univers, quand il se considère sous un point de vue général, semble se traîner à la suite des autres, dans toutes ses actions particulières ; et en lisant le discours de la plupart des hommes qui sont ou se disent ses organes, on serait disposé à penser que, pour ne lui laisser aucun sujet d'orgueil, il suffirait de lui enlever les danseuses de l'Opéra.

Voltaire, dans ses momens de mauvaise humeur, accusait nos aïeux d'être une nation de singes ; je ne sais, s'il vivait, s'il traiterait les enfans plus poliment qu'il n'a traité les pères, mais il est au moins permis d'en douter. Nous paraissons n'agir en effet que pour faire comme les autres ; et souvent nos imitations tiennent plus de la nature du singe que de celle de l'homme. On pourrait citer cent exemples propres à confirmer ce fait ; je me contenterai d'un seul, mais il est remarquable. Nous cherchons souvent à imiter la nation anglaise : mais comment ? le voici. Les Anglais, quand il s'agit de former une grande entreprise, sont lents dans leurs délibérations ; ils pèsent tous les intérêts, ils calculent toutes les chances. S'il existe, dans l'étendue de leur empire, quelques hommes capables de leur donner des renseignemens utiles, ils les font appeler, ils les interrogent, ils constatent par écrit leurs témoignages, ils les font imprimer et les publient. Ils appellent les hommes intéressés à combattre leurs projets, aussi bien que ceux qui sont intéressés à les seconder; ils les écoutent tous avec une attention égale. Ils sollicitent la contradiction, afin de ne laisser aucun obstacle imprévu; ils mettent enfin tous les intérêts en présence, et ne décident rien qu'après avoir tout soumis à une discussion publique. Mais, aussitôt que tout est connu et qu'une résolution est prise, toute lenteur cesse; alors il n'y a plus d'hésitation, de tâtonnement; ils portent dans l'exécution une promptitude, une rapidité, dont on ne peut avoir aucune idée, à moins de l'avoir vu. Ne décidant de rien qu'après un examen approfondi des faits, il n'arrive jamais qu'ils donnent pour motif d'une entreprise, une entreprise analogue formée dans un pays étranger ; ils ne disent pas voyez ce que fait ailleurs ce grand ministre ; ils disent : voyez ce que vous avez devant les yeux, et cédez à votre propre conviction.

Chez nous, c'est autre chose : nous mettons la rapidité dans l'examen, et la lenteur dans l'exécution. Nous décidons, nous ordonnons avec une vitesse inconnue partout ailleurs, même en Turquie. Non seulement nous ne consultons personne, nous n'entendons aucun témoin, nous ne mettons en opposition aucun intérêt, nous ne portons sur rien les lumières de la publicité, mais nous croirions nous abaisser que de paraître ne pas posséder la science infuse. Voyons-nous le territoire d'une autre nation sillonné par une multitude de canaux ? nous nous écrions : Ayons des canaux comme cette nation. Voyons-nous une capitale qui soit en même temps port de mer ? aussitôt nous disons : Faisons un port de mer de notre capitale. Mais de calculer ce que les choses coûteront, et ce qu'elles produiront ; de peser les intérêts qu'on blessera et ceux qu'on favorisera, c'est à quoi personne ne songe. Et, en effet, ce n'est pas de cela qu'il s'agit ; la grande affaire est d'imiter ce que les autres font, non quand ils pensent, quand ils réfléchissent, quand ils délibèrent, mais quand ils se meuvent. Je ne veux pas dire que nous imitons à la manière des singes; mais n'est-il pas permis de demander si c'est le genre d'imitation qui est propre à caractériser des hommes?

Depuis long-temps, l'Angleterre a fait des progrès immenses dans l'agriculture, dans les manufactures, dans le commerce. Ces progrès sont les mêmes presque sur toutes les parties de son territoire, et par conséquent on consomme à-peu-près les mêmes choses, non seulement dans toutes les villes, mais dans tous les villages. Il entre annuellement dans les ports de l'Angleterre 14,854 navires apportant des productions exotiques, ou venant chercher, soit des productions indigènes, soit des objets manufacturés. Le port de Londres reçoit à lui seul 4,755 navires, représentant 871,204 tonneaux de marchandises. Il faut que cette quantité de marchandises qui arrivent dans les ports, soit de l'extérieur, soit de l'intérieur, circulent dans tous les sens, pour parvenir aux consommateurs, ou pour arriver jusqu'aux navires qui doivent les emporter. Dans toutes les parties du pays, il se fait une consommation immense de fer, de charbon, de chaux, de pavé ou d'autres marchandises qui ne peuvent parvenir aux consommateurs qu'autant que les frais de transport en sont très modérés, mais qui, par la quantité, donnent de grands bénéfices au commerce de transport. *

Cependant, ce n'est que lorsque l'Angleterre a été parvenue à un haut point de prospérité, ce n'est, en quelque sorte, que lorsque toutes les branches d'industrie ont été saturées de capitaux, qu'elle a donné à la navigation intérieure l'extension qu'elle a aujourd'hui; la formation de la plupart de ses canaux ne remonte pas au-delà de 1791.

---

* Les canaux de petite navigation, spécialement destinés au service de l'intérieur, ne servent généralement qu'à transporter de la chaux, du pavé et du charbon de terre. Ce charbon fait les trois quarts des objets de transport; et on n'en sera pas étonné si l'on fait attention que, dans les familles, on n'a pas d'autre combustible. En général, on fait la brique sur le lieu même où l'on se propose de bâtir; cependant il est commun, dans quelques lieux au moins, de voir arriver par les canaux des bateaux qui en sont chargés. Les hivers sont beaucoup moins sévères en Angleterre qu'en France; il est très rare que la navigation par les canaux soit interrompue par les glaces, et cette interruption ne peut jamais être que de courte durée. — Voyez, à la fin, la Note I, sur la marine et le commerce de l'Angleterre et de la France.

En France, si l'on fait exception d'un petit nombre de provinces et des environs de quelques grandes villes, l'agriculture n'est pas encore sortie de la barbarie; nous sommes à une distance immense, je ne dis pas seulement de l'Angleterre, mais de la Suisse, d'une grande partie de l'Allemagne, de la Hollande, de la Belgique, et même d'une partie de l'Italie. Avec une population qui est plus du double de celle de l'Angleterre, il n'entre annuellement dans nos ports qu'environ 6,700 vaisseaux, et sur ce nombre il n'y en a que 2,700 qui nous appartiennent. * Les marchandises que ces navires importent ou exportent, sont consommées ou produites dans un petit nombre de grandes villes; Paris en consomme pour sa part plus de la douzième partie. Les habitans de nos campagnes, non seulement ne connaissent presque pas l'usage des marchandises qui viennent des pays étrangers, mais ils ne peuvent que rarement, et dans les jours de fêtes, consommer de la viande de boucherie. Ils ont à leur porte le bois qui doit leur servir de

* Je cite ici les vaisseaux entrés dans nos ports en 1825; et je cite dans la page 15 les vaisseaux entrés dans les ports d'Angleterre en 1824.

chauffage, et n'ont ni le désir ni le moyen de faire venir du charbon de loin. Ils trouvent sous leurs pas la pierre dont ils veulent faire de la chaux ou bâtir leurs maisons; ils y en trouveraient pour paver leurs rues, s'ils étaient assez riches pour se permettre ce genre de luxe. Ils s'habillent de la laine que leurs troupeaux leur ont donnée, que leurs filles et leurs femmes ont filée, et que leur voisin a tissée. En un mot, ils ont peu de chose à envoyer au loin, et rien à en faire venir; car lorsque l'argent qu'ils ont retiré des denrées qu'ils ont vendues, a payé le percepteur des contributions, et le fermage dû au propriétaire qui vit dans la ville, c'est tout au plus s'il leur en reste assez pour payer les objets de première nécessité. Ajoutons que le sol de l'Angleterre est plus peuplé que celui de la France; l'étendue de terrain qui, dans le bassin de la Tamise, nourrit quatre mille habitans, n'en nourrit que deux mille dans le bassin de la Seine; d'où il résulte que deux individus, en France, doivent payer, dans les frais d'un canal, ce qui est payé par quatre en Angleterre. Et avec une telle population et un tel pays, nous croyons imiter la nation anglaise en sillonnant notre sol de canaux, non pour porter à une population compacte des cargaisons de charbon, de fer, de pierres, de briques ou de chaux, mais pour donner au commerce du monde le moyen d'aller offrir quelques onces de café ou de thé, à des gens qui sont disséminés dans de vastes campagnes, et qui ne sont pas assez riches pour acheter une livre de viande. Nous allons ouvrir les mers à des hommes auxquels nous avons ravi les moyens de s'ouvrir un chemin qui les conduise au marché voisin ! Je le demande encore, si c'est là de l'imitation, est-ce bien de celle qui caractérise des hommes !

Lorsque, dans un pays, la propriété et l'industrie sont respectées ; lorsqu'on ne se joue pas des choses sur lesquelles se fonde l'existence des familles, on ne peut porter atteinte à aucun intérêt, quelque petit qu'il soit, avant que d'avoir écouté les personnes intéressées ; c'est-à-dire avant que d'avoir mis en balance le bien et le mal qui doivent résulter de la résolution qu'on va prendre. Un des caractères les plus essentiels de la justice, c'est d'entendre également toutes les personnes intéressées dans la décision ; c'est de s'environner de toutes les lumières qui peuvent mettre les magistrats à même de prononcer avec connaissance de cause. Un juge qui n'entendrait qu'une des deux parties, qui ne prêterait jamais l'oreille qu'à la plus puissante, et qui ne ferait connaître au public que les raisons du plus fort, serait par cela même considéré comme un juge inique, lors même qu'il arriverait que la raison serait toujours du côté du plus puissant. La liberté de la défense ne consiste pas à ne laisser dire que de bonnes raisons, ou à n'écouter qu'un genre de preuves, mais à laisser dire toutes les raisons, et à écouter toutes les preuves.

Or, si l'on veut se rendre compte des effets d'une mesure législative, quelle qu'elle soit, on verra que ces effets consistent à sacrifier un certain nombre d'intérêts, à des intérêts d'une autre espèce. Il n'y a, la plupart du temps, entre une assemblée qui fait une loi, et un tribunal qui prononce sur une cause particulière, qu'une différence ; c'est que les intérêts conservés ou sacrifiés dans ce dernier cas, sont moins grands que ceux qui sont sacrifiés ou garantis dans le premier. En effet, lorsqu'un ministre propose un projet de loi, que demande-t-il ? Il demande que l'assemblée prononce en faveur de la société ou de telle fraction de la société, contre telle autre fraction ; il veut que tel intérêt qu'il dit plus ou moins petit, soit sacrifié à tel autre qu'il dit plus ou moins grand. Cet intérêt qu'il s'agit

de sacrifier, se présente comme un être abs-
trait dans la discussion ou dans la théorie; mais
il se présente dans l'application comme un être
très réel; ce sont toujours des personnes qu'il
faut frapper, ou dans leurs propriétés, ou dans
leur industrie, ou dans leurs moyens d'existence.
Et puisqu'il y a une analogie parfaite entre une
assemblée législative qui prononce entre deux
intérêts en conflit, et une cour judiciaire qui
prononce entre deux parties; puisque les intérêts
sacrifiés dans le premier cas, sont plus grands
que ceux sacrifiés dans le second, les hommes
appelés à prononcer dans l'un et dans l'autre, ne
devraient-ils pas s'environner des mêmes lumières
et accorder à tous le moyen de se faire entendre?

Il est vrai que les magistrats qui prononcent
entre deux parties, sont généralement astreints,
par une loi écrite, à se conformer à certaines
règles de procédure, et à juger selon des prin-
cipes que la loi a également consacrés. Il est
vrai aussi que la puissance législative ne recon-
naît aucune autorité au-dessus d'elle, et qu'en
France, nos hommes d'état ont cru imiter la
Grande-Bretagne en proclamant la toute-puissance parlementaire. Mais c'est encore là une de
ces misérables imitations qui appartiennent à un
animal autre que l'homme; le parlement anglais

proclame sa toute-puissance, dans ce sens qu'il n'existe ni dans l'État, ni hors de l'État, aucune autorité constituée qui puisse lui prescrire des règles; mais il n'a pas la folle prétention de croire qu'il lui appartient de créer la vérité et le mensonge ; il n'a pas l'orgueil de penser que son autorité peut lui tenir lieu de lumières, ni le cynisme de se dire au-dessus des lois éternelles de la morale et de la justice.

Loin que son indépendance de toute autorité constituée, et la grandeur des intérêts sur lesquels il prononce, soient des raisons de s'écarter des règles qui peuvent le mener à la découverte de la vérité, ce sont au contraire des raisons de suivre ces règles avec plus d'exactitude; car il sait bien que, s'il se trompe, les ministres ne réformeront pas ses décisions par des ordonnances, et que le mal qui résultera de ses décrets, sera beaucoup plus grave que ne le serait un arrêt injuste, rendu par une cour judiciaire. Aussi, les enquêtes et les recherches par lesquelles il prépare une loi, sont-elles toujours faites avec la lenteur et l'impartialité que porte un magistrat intègre dans une procédure qui doit avoir pour résultat de mettre au jour l'innocence ou la culpabilité d'un accusé, de lui rendre la liberté ou de l'envoyer au supplice. Je ferai mieux comprendre cette manière de procéder par un exemple.

Une loi interdisait aux ouvriers, sous des peines sévères, de sortir d'Angleterre pour aller exercer leur industrie à l'étranger; cette loi a été enfin attaquée par de nombreuses pétitions, Qu'est-ce qui serait arrivé parmi nous, en pareille circonstance? Si les ministres avaient eu un système favorable au maintien de la loi, ils auraient d'abord employé leur influence pour étouffer les pétitions dans les bureaux; et, s'ils n'avaient pu en venir à bout, ils les auraient fait écarter par l'ordre du jour, non sans avoir accusé les pétitionnaires d'être les ennemis de leur patrie, et de vouloir enrichir de son industrie les nations étrangères. Si, au contraire, ils avaient eu des idées contraires à la loi existante, ils en auraient proposé tout simplement l'abrogation, sans beaucoup s'arrêter aux raisons des opposans. Mais quel qu'eût été le système formé d'avance par le gouvernement ou par l'opposition, on eût, de part et d'autre, fait d'éloquens discours sur les droits naturels et imprescriptibles qu'a tout individu, soit de se transporter où il le juge convenable, soit de disposer de son industrie comme il lui plaît; ou sur les droits également naturels et imprescriptibles qu'a la patrie de retenir ses enfans au milieu d'elle, et de leur imposer les lois qui lui conviennent.

En Angleterre, on n'a rien fait de semblable; personne, ni du côté du ministère, ni du côté de l'opposition, ne s'est présenté avec un système fait *à priori*, sur les droits qu'a chaque individu sur sa personne, ou sur les droits qu'a la société sur chacun de ses membres; personne n'a commenté ni la grande charte, ni les droits de l'homme. Qu'a-t-on donc fait? On a dit : Voilà des ouvriers qui accusent telle loi d'être oppressive pour eux, sans utilité pour le public. Voilà des maîtres qui prétendent, au contraire, que les entraves mises à l'émigration des ouvriers, sont une des causes de la prospérité publique, dont les ouvriers profitent comme les autres. Quel parti prendre entre les deux? il n'y en a qu'un : c'est d'écouter les raisons qu'on allègue de part et d'autre; c'est de vérifier les faits que chacun rapporte à l'appui de son opinion; c'est de voir ainsi de quel côté se trouvent la vérité et la justice.

On a donc ordonné une enquête; on a instruit une véritable procédure, dans laquelle figuraient les ouvriers d'un côté, et les maîtres de l'autre, chacun ayant ses conseils. On a interrogé les par-

ties sur les faits qu'elles alléguaient ; on a interrogé les hommes qu'on a crus capables de donner sur ces faits des renseignemens utiles ; on a
consigné, dans des procès-verbaux, toutes les de-
mandes et toutes les réponses qui ont été faites ; et
lorsque l'enquête a été terminée, qu'est-il arrivé ?
Pense-t-on qu'un rapporteur complaisant, choisi
sous l'influence ministérielle, est allé exposer à la
chambre les faits les plus propres à faire triompher l'opinion personnelle des ministres ? Non,
on n'a rien fait de semblable, mais on a fait imprimer tous les procès-verbaux dressés par la
commission d'enquête, et on les a distribués aux
chambres et mis à la portée du public ; chaque
membre des chambres a été son propre rapporteur ; nul n'a jugé sur la parole d'un autre.
Le résultat de cette procédure, car, on ne saurait trop le répéter, l'instruction est une procédure comme la décision est un jugement, a été
l'abrogation de l'ancienne loi. Dans un pays qui
fonde sa prospérité sur son industrie et sur son
commerce, on a levé l'interdiction faite aux
hommes de la classe industrieuse de s'expatrier,
et de porter leur industrie chez d'autres nations ;
et cela, sans difficulté, presque sans opposition,
parce qu'avant que de rien décider, tout le
monde a été convaincu.

Cette manière de procéder n'est pas une exception qu'on n'applique qu'à des cas extraordinaires; elle a lieu dans presque tous, et dans ceux même où l'on croirait qu'elle est le moins susceptible d'être appliquée. Si une loi prohibe l'exportation de certaines machines, et si des personnes se prétendent lésées par cette loi, on écoute, avant que de rien décider, les hommes qui fabriquent ces machines et qui sont intéressés à étendre leur marché, et les manufacturiers qui sont intéressés à ce que des fabriques semblables aux leurs ne s'établissent pas en pays étranger. Si la législation pénale est attaquée *comme vicieuse*, on forme une commission pour rechercher et constater les vices dont on se plaint, et cette commission recueille toutes les lumières qui existent hors des chambres. Si l'on se plaint des manières de procéder d'une cour judiciaire, comme la Chancellerie, on forme également une commission qui rassemble tous les faits, qui recueille tous les témoignages, et les place sous les yeux de la législature.

Il ne faut pas douter que, si de pareils procédés étaient proposés en France, ils ne soulevassent à l'instant une multitude de préjugés. Supposons, par exemple, que des voyageurs qui auraient éprouvé quelque vexation de la part de certaines autorités, s'avisassent de demander l'abrogation de la loi sur les passe-ports; qu'ils prétendissent, à tort ou à raison, que cette loi est une source de vexations pour les hommes qui n'ont rien à craindre de la justice, et qu'elle est constamment éludée par ceux qui ont quelque intérêt à ne pas s'y conformer ; quelles éloquentes déclamations s'éleveraient de toutes parts contre cette audacieuse proposition ! comme on évoquerait le génie des révolutions ! comme on nous montrerait toutes les grandes routes couvertes de conspirateurs, de voleurs, d'assassins ! comme on nous prouverait qu'une société ni un gouvernement ne peuvent exister, sans une loi que ne connaissent pas ou que méprisent les peuples qui se ressemblent le moins, les Turcs comme les Américains, les Anglais comme les Persans et les Chinois !

Mais que ferait une assemblée qui aurait l'habitude de juger les choses par ce qu'elles sont, et non par les déclamations intéressées d'un petit nombre d'individus ? Elle dirait : La loi dont tels ou tels se plaignent, et que tels ou tels défendent, existe depuis assez long-temps pour que les effets qu'elle produit puissent en être constatés. Voyons donc quels sont ces effets.

Vous, qui vous plaignez de la loi, dites-nous quelles sont les vexations qu'elle a produites, quels sont les dommages qu'elle a causés ; amenez devant nous les personnes qui ont été vexées, ou dont les intérêts ont été lésés ; faites-nous connaître, d'un autre côté, quels sont ceux qui, intéressés à se soustraire aux recherches de l'autorité, ont voyagé librement sans la permission de la police. Vous, qui dites que la loi est indispensable, dites-nous quels sont les conspirateurs, les voleurs, les assassins, dont elle vous a procuré l'arrestation ; rapportez devant nous les nombreuses procédures que vous avez faites depuis trente ou quarante années, afin que nous voyions, par nous-mêmes, quels sont les délits ou les crimes qu'une telle loi vous a mis à même de découvrir, de poursuivre ou de punir.

Je ne dirai pas s'il serait aisé de démontrer que la loi est une source de vexations ; mais je puis assurer qu'il serait aisé de prouver qu'on peut, sans beaucoup de peine, aller et venir, sortir de France ou y rentrer, voyager en poste ou en diligence, sans la permission de M. le Directeur général de la police, et sans qu'on ait besoin d'aller exposer pendant quelques heures sa physionomie devant les commis de ses bureaux. *

Mais de graves objections s'élèvent contre les enquêtes dont les chambres pourraient faire précéder leurs décisions. Si les chambres, disent les ministres, se permettent de faire apporter des pièces, d'appeler et d'entendre des témoins, d'entrer, en un mot, dans l'examen des faits, elles se mettent, par cela même, à la place de nos commis; elles s'emparent de l'administration. En Angleterre, où le parlement administre, les chambres législatives peuvent faire apporter des pièces, appeler et entendre des témoins; mais en France elles ne le peuvent pas, car ce serait

---

* Je ferai ailleurs voir qu'il n'est presque pas de projet de loi qui ne dût être précédé ou accompagné d'une multitude de preuves écrites ou orales. Il n'y a, en effet, jamais de loi à faire que pour éviter un certain genre de maux, ou pour obtenir un certain genre de biens. Ces biens ou ces maux consistent en une multitude de faits épars qu'il est possible de constater et de réunir en corps, mais que personne ne devine.

Je démontrerai également que presque toutes les mauvaises lois, et particulièrement les plus oppressives, auraient été évitées ou du moins promptement abolies, si les assemblées législatives avaient traité les *abus,* ou ce

administrer, et l'administration appartient au roi; c'est la Charte qui l'a dit.

Cette objection, rendue en d'autres termes, peut se réduire à ceci : « Nous, ministres, nous avons des commis que nous payons; ces commis examinent, par notre ordre, les actes et les faits dont la connaissance est nécessaire à la formation ou à la révocation des lois; ils peuvent même au besoin interroger les parties ou appeler des témoins, s'ils pensent que cela est néces-

qui est représenté comme tels, de la même manière que la justice traite les accusés.

Enfin, je ferai voir qu'aussi long-temps que l'on conservera la manière de procéder qui est en usage parmi nous, il ne pourra exister de véritable garantie, ni pour les intérêts individuels, ni pour les intérêts publics. Dans le système que nous suivons, on entend des orateurs pour et contre; ainsi, il peut exister des avocats pour tous les intérêts; mais on n'admet des preuves d'aucun genre ni dans aucun sens. Pour faire apprécier la bonté de ce procédé, je ne ferai ici qu'une question : Entre deux tribunaux, quel serait le plus juste, de celui qui entendrait tous les avocats, mais qui jugerait sans preuves; ou de celui qui examinerait toutes les preuves, mais qui n'écouterait pas les avocats! Les deux choses sont bonnes; mais, s'il fallait opter, nous n'avons pas choisi la meilleure.

saire; ces commis sont des gens de bien, atta-
chés à l'État et au gouvernement, aimant le roi
et la Charte; ce sont des commis clairvoyans,
à qui rien n'échappe, entendant les intérêts de
la France encore mieux que les leurs, et respec-
tant les intérêts des particuliers à l'égal des
intérêts de leurs maîtres; ce sont des commis
véridiques, qui renonceraient à leurs places plutôt que de dire un mensonge ou de dissimuler
une vérité; ce sont des commis désintéressés
qui, pour tout l'or de la terre, et pour tous les
honneurs de la monarchie, ne présenteraient pas
un fait sous un faux jour; ce sont des commis
courageux que les personnages les plus puissans
ne parviendraient pas à intimider, qui seraient
capables de rendre justice à un pauvre homme
contre un prince, et qui, au besoin, oseraient
protéger un archevêque contre un abbé jésuite;
ce sont des commis chastes comme des Joseph,
qui, pour rien au monde, ne se rendraient aux
importunités des plus belles solliciteuses; ce
sont des commis laborieux, et qui jamais ne
dorment; ce sont des commis..... des commis enfin. Or, ces commis nous instruisent sur tout, et,
foi d'honnêtes ministres, ils nous disent la vérité
comme nous vous la disons. Oseriez-vous exiger

davantage , et le parlement anglais pourrait-il se dire aussi éclairé que vous l'êtes ? »

Il faudrait assurément être bien dur et bien exigeant pour ne pas se rendre à des raisons si convaincantes; aussi n'ai-je garde de les attaquer. La vérité toute nue passe à travers les yeux des commis, comme la lumière à travers la glace la plus pure. De là elle va frapper sur les yeux des ministres, et elle y passe encore sans éprouver d'altération, pour aller frapper les yeux et l'esprit des députés. On peut se figurer les commis et les ministres comme les deux verres d'une lunette, et la législature comme l'œil sur lequel elle est appliquée. Cet instrument législatif est sans doute bien entendu; cependant il serait possible de le simplifier; il suffirait pour cela de trouver des législateurs qui seraient capables de voir sans lunette, ou, si l'on n'en trouvait pas de tels, de s'en rapporter aux hommes qui veulent bien se résigner à faire l'office de cet instrument. Dans une de nos comédies, un juge dit à un plaideur :

Demandez à mon clerc si je sais votre affaire;

et la plaisanterie semble excéder les bornes de la vérité. Que serait-ce donc, s'il disait : de-

mandez aux commis d'un tel si je suis suffisamment instruit, et si ma conscience est sa-
tisfaite.

Il est heureux que les hommes qui ont considéré comme un empiètement sur l'autorité administrative, tout procédé par lequel les chambres auraient pu s'éclairer, n'aient pas poussé
plus loin leur raisonnement ; car, le premier
point admis, rien ne leur eût été plus facile
que de prouver qu'elles ne pouvaient prendre
aucune décision sans usurper, ou sur l'autorité
judiciaire, ou sur l'autorité ministérielle. En
effet, si c'est administrer que de se faire représenter des actes, d'écouter les parties intéressées,
d'appeler et d'entendre des témoins, de faire
enfin tous les actes de procédure propres à ré-
pandre la lumière sur une question, n'est-ce pas
juger que de résoudre cette question ? Suffirait-il, pour faire perdre à une décision le ca-
ractère de jugement, de refuser d'interroger et
d'entendre les personnes dont cette décision
peut compromettre l'existence ? Suffirait-il de
repousser la lumière qui peut résulter de la connaissance des faits ?

Une fausse idée, née d'une fausse expression,
a beaucoup servi les divers ministères qui ont

voulu écarter les chambres de la connaissance
des affaires. Les députés, a-t-on dit, sont les
représentans de la population ; quand un député
parle, tous ses commettans *sont censés* parler
par sa bouche. Un député, quand il est reçu
dans la chambre, n'est pas le représentant de
tels ou tels individus qui lui ont donné leurs
voix ; il est le représentant de tout le monde.
S'il parle, il parle pour tous ; s'il se tait, c'est
que personne n'a rien à dire ; quand la discussion est close, tout le monde *est censé* avoir
parlé, tous les intérêts *sont censés* avoir été
défendus.

C'est ainsi qu'avec des suppositions, des men-
songes qu'on honore du nom de fictions, ou
des phrases de convention auxquelles personne
n'attache de sens, on arrive à des pratiques que
repousserait le gros bon sens d'un juge de
village. Un député parle *pour*, c'est la population
entière qui parle par sa bouche, sans en ex-
cepter les fous de Charenton ; un autre parle
contre, c'est encore la population tout entière
qui parle par son organe, même les enfans qui
sont au berceau ; un troisième parle *sur*, c'est
parce que la population tout entière *ne* sait
ce qu'elle doit penser ; un quatrième se tait,

c'est encore parce que la population tout entière n'a rien à dire. A l'instant où le vote qui manque à un candidat pour être élu, sort de l'urne électorale, le cerveau de ce candidat se modifie de telle sorte, qu'il sait tout, qu'il connaît tout, qu'il prévoit tout, et qu'il ne peut rien dire sans exprimer un vœu national; et il faut bien que cela soit, puisqu'autrement la loi ne saurait être l'expression de la volonté générale. Ainsi les systèmes populaires sont aussi faux et aussi ennemis de la lumière que les systèmes ministériels; de part et d'autre, c'est l'ignorance et le despotisme qui se cachent sous des phrases plus ou moins pompeuses.

Lorsqu'un procédé vicieux est en usage depuis long-temps, et qu'il a pour appui la paresse, les habitudes, les préjugés nationaux, et l'amour du pouvoir absolu, il faut lui porter bien des coups avant qu'il soit possible de l'ébranler. Aussi, en publiant ces réflexions, n'ai-je pas d'autre but que de faire observer comment les choses se passent, et comment il arrive qu'il n'est presque point de loi qui puisse prendre de profondes racines.

CHAPITRE II.

Application des observations précédentes à la formation du canal projeté du Havre à Paris.

Afin de faire mieux comprendre comment nos procédés législatifs privent de garanties les intérêts publics et les intérêts particuliers, je prendrai pour exemple la proposition qui va être faite aux chambres, d'ordonner ou d'autoriser la formation d'un canal du Havre à Paris. Je ferai voir, d'un côté, quels sont les faits qu'il serait nécessaire de connaître pour juger de l'utilité de l'entreprise; et on verra, de l'autre, quelles seront les connaissances qu'on donnera aux hommes qui seront appelés à prononcer. Je prends cet exemple de préférence à d'autres, parce que les

passions ou les préjugés politiques y sont étrangers; parce que la fortune d'une multitude de
personnes peut se trouver compromise, et
parce que le sujet exige la connaissance d'un
grand nombre de faits, auxquels ne peuvent sup-
pléer, ni des idées générales, ni de vagues déclamations.

Pour entreprendre l'exécution de ce canal,
on n'attend plus qu'une loi qui l'autorise; suivant l'écrit que j'ai précédemment cité, *tout est
prévu, tout est considéré, tout est prêt;* et cependant, aucun des hommes qui sont appelés à
voter sur ce projet, n'a encore rien prévu, rien
considéré, rien préparé; il n'a rien écouté, rien
entendu. Où se trouve donc ce grand faisceau
de lumières? Dans les bureaux, chez les commis
qui ne votent pas, mais qui voient pour les
hommes qui doivent voter. La lumière a déjà
frappé sur le premier verre de la lunette législative; elle va frapper le second, et de-là elle
jaillira comme un torrent sur les hommes qui ne
peuvent voir que par ces intermédiaires. J'a-
vouerai cependant qu'en lisant l'écrit auquel on
a donné pour titre: *Paris port de mer*, il est
impossible de ne pas douter de l'existence de
tant de clarté; et voici les causes de mes doutes.

On veut faire de Paris un port de mer; on veut que la capitale de France rivalise avec la capitale d'Angleterre. Je me permettrai de demander d'abord si c'est un sentiment de vanité qu'on se propose de satisfaire, ou une entreprise utile qu'on se propose d'exécuter. S'il ne s'agit que de former une entreprise utile, peu nous importe que Londres soit ou non un port de mer. L'esprit de rivalité n'est ici pour rien; car il ne fera pas produire un centime de plus aux capitaux qu'on va dépenser; la seule question à examiner est de savoir si, en elle-même, la chose est bonne ou mauvaise. Si c'est, au contraire, par esprit d'imitation que nous agissons, il peut encore être bon de savoir ce que cela nous coûtera; car, de toutes nos singeries, celle-ci pourrait bien être la plus chère.

Un peuple n'a que deux moyens de donner à sa capitale les avantages d'un port de mer : l'un est d'aller la placer dans un lieu où les eaux de la mer peuvent porter ses navires; l'autre est de faire venir la mer dans le lieu où il l'a déjà placée. Les Anglais ont mis le premier moyen en usage; pour nous, nous tenterons le second; nous n'irons pas, comme tant d'autres, bâtir des ponts sur des fleuves; nous commencerons par bâtir des ponts dans les lieux où il n'existe point d'eau, et puis nous y amènerons des fleuves ; nous n'irons pas établir notre gouvernement, nos magasins et nos comptoirs là où la mer porterait nos vaisseaux, mais nous ordonnerons à la mer de porter nos vaisseaux là où nous aurons établi nos comptoirs, nos magasins et notre gouvernement; et s'il nous plaît de déménager, nous la contraindrons à nous suivre. O grand Xercès, que tu étais un pauvre génie, et que tu connaissais peu l'étendue de ta puissance !

Nous ferons de Paris un port de mer ! la capitale de France rivalisera avec la capitale d'Angleterre ! Mais, que dis-je ? c'est déjà fait, *le lit de ce canal maritime est tracé, les obstacles sont reconnus et vaincus.* * Parisiens , courez aux fenêtres pour voir défiler nos escadres........ N'allons pas si vite ; et quoiqu'on nous assure qu'une loi seule est à proposer, qu'une loi seule est à rendre, voyons s'il n'y aurait pas encore quelques difficultés auxquelles on n'aurait pas songé , avant que de faire de Paris un port semblable à celui de la capitale de l'Angleterre.

* *Paris port de mer*, page 14.

A proprement parler , la Tamise , depuis dix ou douze milles au-dessus de Londres jusqu'au grand canal qui sépare la France de l'Angleterre, n'est ni une rivière, ni un fleuve, c'est un bras de mer qui reçoit son mouvement, alternativement ascendant et descendant, du flux et du reflux de l'Océan ; ce bras de mer a, un peu au-dessous du pont de Londres, cent soixante-six toises de largeur, et, si je ne me trompe, il a, à la même place, environ trente pieds de profondeur. A la marée montante, tous les navires stationnés à l'ouverture de ce bras de mer, sont portés par la force du courant, secondée quelquefois par celle des vents, jusqu'au sein de la capitale. A la marée descendante, tous les navires qui attendent le départ, sont emportés jusqu'à la mer par les eaux que la force de la marée avait refoulées jusqu'à près de quatre lieues au-dessus de Londres. Ce trajet est exécuté dans l'espace de quelques heures. Les vaisseaux de guerre les plus forts naviguent dans la Tamise comme les vaisseaux marchands, ou, si le mouvement n'en est pas assez rapide, des bateaux à vapeur, de la force de quatre-vingts chevaux, les amènent au point où on a besoin de les placer. Mais, soit qu'on veuille aller d'un côté, soit qu'on veuille aller de l'autre, jamais on n'a besoin de faire usage de la force des chevaux.

Serait-ce contre de tels avantages que nous aurions la prétention de rivaliser ! Mais quand même nous creuserions un canal assez large ou assez profond pour contenir les eaux de la Seine ; quand même nous y détournerions ce fleuve tout entier, nous n'aurions presque rien fait encore ; nous posséderions à la vérité une force naturelle suffisante pour porter les marchandises de Paris jusqu'à la mer, mais nous n'en posséderions aucune pour les porter de la mer jusqu'à Paris. Il faudrait, pour acquérir des avantages analogues à ceux que possède la ville de Londres, abaisser d'abord le sol au niveau de la mer, et former un canal qui aurait à Paris seize toises de profondeur et cent soixante-six toises de largeur. Lorsque cet abaissement aurait été opéré, nous aurions acquis une quantité d'eau suffisante pour faire monter ou descendre des coquilles de noix ; si nous voulions posséder un canal égal par la profondeur de l'eau à celui de la Tamise, il faudrait creuser environ trente pieds de plus.*

* Le point zéro d'étiage du pont de la Tournelle est élevé de trente-trois mètres au-dessus du niveau de l'O-

Une semblable folie ne sera jamais tentée, et si elle l'était, on pourrait bien, quand le canal serait terminé, n'avoir plus le moyen de faire une barque, ou de payer la première cargaison de marchandises qui serait apportée de l'étranger.

C'est donc un canal ordinaire qu'il s'agit de creuser; on élevera l'eau par des écluses ; on fera tirer par des chevaux les bateaux ou les navires , si, en effet, ce canal peut porter des navires; mais on ne songera nullement à profiter du mouvement ascendant ou descendant de la marée. A la bonne heure! Mais s'il en est ainsi, il ne faut plus dire que la capitale de France va rivaliser avec la capitale d'Angleterre, sous le rapport de la navigation et du commerce maritime; il faut dire modestement que Paris va rivaliser avec Bruges , avec Gand, ou avec telles autres villes de la Belgique, qui ont aussi des canaux maritimes, sans en être pour cela beaucoup plus florissantes. Ce n'est pas seulement sous le rapport de la facilité de la navigation que la comparaison du canal projeté avec la Tamise est ridicule, c'est

céan, suivant les recherches statistiques sur la ville de Paris, publiées en 1823 par ordre de M. le préfet du département de la Seine.

aussi sous le rapport de l'activité commerciale, ainsi qu'on le verra plus loin.

Avant que de commencer l'exécution de ce canal, il est une multitude de questions de fait qui auraient besoin d'être résolues, et sur lesquelles il serait nécessaire, par conséquent, que les chambres et le public fussent informés. On peut dire, il est vrai, que la compagnie qui se propose de l'entreprendre, a déjà résolu, pour son propre compte, toutes ces questions; que nul ne peut mieux juger de ses intérêts qu'elle-même; que, si elle a fait une mauvaise spéculation, c'est sur elle que tombera la pérte; que si, au contraire, elle a bien calculé, le public profitera de son entreprise; mais ces réponses sont loin d'être justes.

Il arrivera, sans doute, de ce canal comme de tous les autres; la valeur en sera divisée en actions, et ces actions seront mises en vente, avant que l'entreprise soit terminée, et avant qu'il soit possible de savoir ce qu'elle produira. Si les Chambres autorisaient la formation du canal sans examen, elles autoriseraient par cela même la vente publique de choses dont la valeur ne pourrait être connue de personne, excepté peut-être des vendeurs.

De plus, en autorisant la formation du canal, les Chambres autoriseront par cela même l'expropriation d'une multitude de propriétaires : or, suivant nos lois, nul ne peut être dépouillé de sa propriété sans une indemnité préalable et pour cause d'utilité publique. Il faut donc que les Chambres aient la certitude que le canal sera réellement utile au public ; c'est à elles à veiller à ce que les propriétaires des terres que doit traverser le canal, ne soient pas dépouillés sans de justes causes.

En troisième lieu, une multitude de propriétés peuvent se trouver inondées par suite de la construction du canal, soit à cause des vices du terrain, soit pour d'autres causes ; il faut donc que les Chambres veillent aux intérêts des propriétaires, puisqu'ils ne sont pas eux-mêmes entendus.

En quatrième lieu, il existe déjà des moyens de communication et de transport du Havre à Paris ; ces moyens n'ont été créés que par les capitaux qu'on y a engagés ; et on ne peut les troubler sans ébranler la fortune d'un nombre plus ou moins grand de familles ; il faut donc que les Chambres aient la certitude que le bien qui sera produit d'un côté excèdera le mal qui sera produit de l'autre.

Enfin, ce sont les Chambres qui fixeront le tarif des droits qui seront perçus sur le canal; il faut donc qu'elles sachent, au moins par approximation, quelles seront les dépenses qu'exigera l'entreprise, et quel sera le nombre de bateaux, la quantité et les divers genres de marchandises qui parcourront le canal dans un temps donné.

En supposant que la compagnie qui se propose d'exécuter ce canal, eût fait toutes les recherches, toutes les enquêtes, tous les calculs nécessaires à la conservation de ses intérêts, on ne pourrait donc pas en tirer la conséquence que les Chambres ni le public ne doivent plus s'enquérir de rien. Cette compagnie se trouve, vis-à-vis des Chambres et de tous les intéressés, exactement dans la position où serait, vis-à-vis de ses juges et de son adversaire, un homme qui, avant que d'intenter un procès, aurait consulté son avocat, cherché des témoins, examiné ses titres. Ces précautions annonceraient sans doute un homme prudent qui ne veut pas s'engager témérairement; elles feraient bien présumer de sa cause. Mais si, après avoir pris, pour son propre compte, toutes les informations nécessaires, il allait se présenter seul ou avec son avocat de-

vant une cour de justice; s'il disait aux juges :
« Vous devez m'accorder ce que je vous demande, car mes avocats et mes témoins m'ont
convaincu que ma cause est bonne, » oh! alors
notre homme pourrait bien ne paraître plus si
sensé, et les juges pourraient bien le faire prier
d'aller porter sa requête ailleurs. Ils lui diraient
tout au moins: « Faites venir devant nous votre
adversaire; quand il y sera, vous produirez, devant nous et devant lui, les preuves sur lesquelles
vous avez formé votre conviction; nous entendrons vos témoins; nous examinerons vos titres,
et votre avocat nous dira vos raisons; votre adversaire, de son côté, nous dira s'il n'a rien à vous
opposer; il produira ses témoins et ses titres,
nous entendrons son avocat, et puis nous vous
dirons si nous pouvons vous accorder votre demande. » Mais des juges sont moins polis et plus
exigeans que des députés, et il est bien plus
difficile de dépouiller un individu qu'une province. Supposons cependant que, pour la première fois du monde, quelqu'un s'avise, avant
que de voter, de demander de quoi il est question, et voyons quels sont les faits sur lesquels
on aurait à s'enquérir.

Vous voulez tracer tel canal de tel point jusqu'à tel autre : c'est bien. Mais quels sont les points par lesquels il doit passer? Avez-vous sondé le terrain sur chacun de ces points? La terre est-elle partout de nature à contenir l'eau, et n'est-il pas nécessaire de construire, dans des espaces plus ou moins longs, le canal en maçonnerie? N'inonderez-vous pas, sur la ligne que le canal va parcourir, des champs, des prés, des villages, des villes? Que pensent de cela vos ingénieurs? Faites-les venir devant nous; nous leur ferons quelques questions; et, pour être plus sûrs qu'eux ni vous ne vous êtes trompés, nous interrogerons d'autres ingénieurs, et les personnes même dont vous pouvez compromettre les propriétés.

Voilà un premier ordre de faits à éclaircir; ils sont relatifs à la possibilité de l'exécution, et aux dommages qui peuvent être causés aux propriétés dominées par le canal.

Un second ordre de faits non moins importans que les précédens, sont ceux qui se rapportent aux frais d'exécution. Quelles seront la longueur, la largeur, la profondeur du canal? combien coûtera d'achat chaque toise carrée de terrain qu'il faudra acquérir? combien chaque toise cube qu'il faudra creuser? quelle sera la

dépense totale du canal ? combien de temps res-
tera engagée, sans rien produire, chacune des
parties du capital que vous allez dépenser? En
ajoutant à ce capital les intérêts du temps pendant lequel il se reposera, quelle sera la somme
totale? Quelles sont les mesures que vous avez
prises pour vous assurer que le canal sera livré à
la navigation à une époque donnée? Quel est
l'intérêt que vous espérez retirer du capital que
vous engagez? Quelles garanties donnez-vous
aux actionnaires?

Si chacune de ces questions n'est pas résolue
d'une manière satisfaisante, si chacun des faits
sur lesquels elle porte n'est pas éclairci, non
seulement il est impossible de savoir si l'on causera la ruine ou si l'on fera la fortune des entrepreneurs ou des actionnaires, mais les Chambres ne peuvent avoir aucune base pour fixer les
droits de péage. La solution des questions relatives aux dépenses aurait peu d'utilité cependant,
si elle n'était suivie de la solution des questions
relatives à la recette.

Pour connaître, au moins par approximation,
quels seront les revenus que donnera le canal,
il est des questions de plusieurs genres qu'il faut
résoudre. En voici quelques-unes : Quel est le

nombre de vaisseaux qui se rendent annuellement à l'embouchure de la Seine, et quel est le
tonnage de ces vaisseaux ? Quel est le nombre de
tonneaux de marchandises que consomment Paris et les pays qu'il approvisionne ? Quel est le
temps que mettra un bateau pour arriver du
Havre à Paris par le canal, et quel est le temps
que mettent les voitures de roulage pour aller
de l'une de ces deux villes à l'autre ? Quelles
sont les marchandises qu'il sera de l'intérêt du
commerce de faire venir par le canal ? Quelles
sont celles qu'on fera venir par le moyen du
roulage ? Quels sont les frais de transport que
coûtent les marchandises par les moyens actuels,
et à quel taux faudra-t-il fixer les droits de
péage, pour que le transport par le canal soit
préféré au transport par terre ? Quelle sera,
dans les frais de transport, l'économie qui résultera, pour chaque tonneau de marchandise,
de l'usage du canal ? Cette économie, dans les
frais de transport, fera-t-elle augmenter la consommation, et dans quelle proportion ?

Il faudrait écrire un livre d'un volume considérable, si l'on voulait poser toutes les questions
dont la solution devrait naturellement précéder
l'entreprise qu'on se propose, surtout si, comme

cela se devrait, les intérêts des villes du Havre, de Rouen et même des maisons de roulage, étaient mis en cause. Aussi, me bornerai-je à celles qui précèdent, puisque, d'ailleurs, on ne pourrait faire à cet égard qu'un ouvrage incomplet, et que les réponses qui seraient faites aux questions qu'on peut prévoir, donneraient souvent naissance à des questions nouvelles.

Parmi ces questions, il en est un grand nombre qu'on ne saurait résoudre sans avoir une connaissance parfaite des lieux que doit parcourir le canal, et du genre de travaux qu'on se propose de faire. Le public ni les Chambres ne possèdent encore aucun des élémens au moyen desquels il serait possible de calculer, au moins approximativement, les capitaux qui sont nécessaires à l'exécution de cette entreprise. Il paraît qu'on avait eu d'abord le projet de donner au canal de grandes dimensions; le capital nécessaire à l'exécution de l'entreprise devait s'élever alors à 3oo millions au moins On a de beaucoup réduit le premier projet, et on croit n'avoir plus à dépenser maintenant que 175 millions. Nous verrons plus loin quels seront, pour les actionnaires et pour le public, les produits de cette dépense.

CHAPITRE III.

Des Bénéfices que peut produire, pour les Actionnaires, un canal du Havre à Paris, calculés sur les importations et les exportations annuelles de la France, et particulièrement sur celles qui ont lieu par le Havre ou par la Seine.

S'IL est impossible de juger de la dépense, on peut se faire au moins quelques idées sur les bénéfices. En 1825, il est arrivé au Havre 681 navires, du port d'environ cent tonneaux chacun. En prenant pour base de nos calculs l'année qui vient de finir, ce sont donc 68,100 tonneaux de marchandises qui se présentent ou qui sont demandés, et qu'il s'agit de transporter en diverses directions. Une partie doit rester au Havre, une autre aller à Rouen, et d'autres se distribuer

4..

dans d'autres villes; il faut que les navires qui arrivent près de l'embouchure de la Seine, approvisionnent la population entière qui se trouve dans le bassin de ce fleuve. Or, quelle est, dans la répartition de ces marchandises, la quantité qui prend la route de Paris, et qui pourra être transportée par le canal ? Si, comme on pourrait le présumer, les marchandises se divisaient à-peu-près de la même manière que la population, il faudrait que les 68,100 tonneaux qui arrivent, se partageassent entre les 6,000,000 d'habitans qui peuplent le bassin de la Seine. Paris ne recevrait, dans cette supposition, qu'environ 45,000 tonneaux, puisque le nombre des habitans qui peuplent la partie inférieure du bassin s'elève à près de 2,000,000. Mais ce mode d'estimation manquerait d'exactitude; il porterait un peu trop bas les marchandises qui arrivent à Paris.

Mais ici une autre considération se présente : les routes que suit le roulage vont autant que possible en droite ligne; si, dans les montées, elles exigent une plus grande force, dans les descentes, elles en exigent une moindre ; ce qu'on a perdu en vitesse d'un côté, on le gagne de l'autre. On est obligé, au contraire, de tenir un canal presque toujours au même niveau, et

comme il est impossible de couper toutes les
montagnes ou de combler toutes les vallées, il
faut lui faire faire des détours nombreux et
quelquefois immenses. Le transport par le canal
sera donc infiniment plus long que le transport
par terre. Une voiture de roulage ne met que
sept ou huit jours du Havre à Paris ; un bateau
ou un navire mettra, suivant l'opinion de
quelques personnes, près de trois semaines. Cette
différence dans la vitesse, si elle est réelle, aura
des résultats qu'il est important de faire remar-
quer.

Pour amener tel bateau du Havre à Paris, il
faudra, par exemple, la force de deux chevaux ;
il faudra de plus les soins de deux hommes,
l'un pour diriger le bateau, l'autre les chevaux.
Mais l'emploi de deux hommes et de deux
chevaux, pendant vingt jours, coûtera exactement la même somme que l'emploi de cinq
chevaux et de cinq hommes, pendant huit jours ;
et si l'on suppose que la valeur de la journée de
l'homme est égale à la valeur de la journée de
son cheval, un bateau qui exigera l'emploi de
deux chevaux et de deux hommes, coûtera la
même somme que deux voitures tirées par huit
chevaux et dirigées par deux hommes. Il est

vrai que la quantité de marchandises que peut porter un bateau tiré par deux chevaux, excède, dans une proportion très grande, la quantité que peuvent en porter deux voitures tirées par huit chevaux ; mais il ne faut pas perdre de vue que la marchandise aussi reste plus long-temps en route, et que, pendant le temps qu'elle voyage, c'est un capital qui ne produit rien.

Supposons un navire portant pour cinq cent mille francs de marchandises ; si, pour arriver du Havre à Paris, par le canal, ce navire met quinze jours de plus que ne mettrait le roulage, il est clair qu'il faut faire entrer dans les frais de transport par eau, l'intérêt de 5oo,ooo francs pendant quinze jours. Cet intérêt, calculé seulement à six pour cent, égale 125o fr. ; mais ces 125o francs, payés par le négociant, et que devront lui rembourser les consommateurs, ne seront pas un profit pour les actionnaires du canal : ils seront complètement perdus.

Tout est sujet à dépérir par le seul effet du temps ; dans le commerce, plus que partout ailleurs, il faut s'attendre à des avaries. Il serait difficile de dire quelles sont les avaries que peut, en général, produire sur des marchandises un retard de quinze jours dans la vente. Mais quoi

que nous ne puissions savoir d'une manière
exacte quelle serait la somme à laquelle on éva-
luerait les avaries que peut éprouver, par un retard semblable, une cargaison de 500,000 francs,
il n'en est pas moins évident qu'elles sont réelles,
et que si, dans certains cas, elles peuvent être
nulles, dans d'autres elles sont fort considérables. Il faut donc ajouter aux 1250 francs
d'intérêt perdus, la somme qui serait nécessaire
pour assurer, pendant quinze jours, la cargaison contre toute avarie, ou contre tout ac-
cident qui peut la détruire ou en diminuer la
valeur. La maxime de jurisprudence, *res perit
domino*, est aussi connue à la Bourse qu'au Palais;
c'est ce qui fait la fortune des compagnies d'assurance. Qu'on suppose seulement l'assurance
des marchandises d'un demi pour mille par
quinze jours; il faudra joindre 250 francs
aux 1250 d'intérêt que nous avons comptés.

Ainsi, un navire dont la cargaison vaudrait
500,000 francs, aurait à perdre, en suivant le
canal, une somme de 1500 francs, indépendamment des droits de péage et des autres frais
de transport; et si l'on suppose que, sur les
68,100 tonneaux de marchandises qui arrivent
au Havre, il en viendra 55,000 à Paris, il faudra

porter en ligne de compte, soit pour les frais d'assurance représentant les avaries, soit pour les intérêts de quinze jours, une somme d'environ 600,000 francs. Il faudrait donc que la compagnie du canal, avant qu'il lui fût possible d'entrer en concurrence avec le roulage pour le commerce du Havre, offrît aux négocians une économie, dans les frais de transport, égale à cette somme; il faudrait qu'elle indemnisât, par la modération de ses prix, ce qu'elle ferait perdre par la longueur du temps.

Mais en réduisant ses prix de manière que le commerce de Paris eût à payer, pour les frais de transport, 600,000 francs de moins qu'il ne paierait maintenant, la compagnie ne devrait pas espérer que toutes les marchandises que le Havre envoie à Paris, ou que Paris envoie à l'étranger par le Havre, prendraient la voie du canal de préférence à celle du roulage. L'intérêt du commerce n'est pas de chercher à faire un grand profit sur chaque chose, et de laisser ses capitaux long-temps engagés dans la même affaire; c'est, au contraire, de se contenter d'un petit profit, et de répéter ses achats et ses ventes avec la plus grande rapidité possible. Le meilleur moyen de transport, surtout quand il s'agit de choses qui offrent une grande valeur sous un petit volume, est presque toujours celui qui va le plus vite; ce qu'on gagne par le temps, fait plus qu'excéder ce qu'on dépense pour obtenir la vitesse.

D'un autre côté, les nombreuses spéculations qui se font tous les jours sur les denrées coloniales, permettront rarement aux marchandises de ce genre de prendre la voie du canal. L'obligation de les livrer à un temps donné, le désir de profiter d'une hausse momentanée, et la crainte de voir tomber les prix, détermineront presque toujours les négocians à préférer la voie la plus courte, si la différence dans les frais de transport n'est pas très grande ; un spéculateur, même lorsqu'il ne sera pas pressé de vendre , aimera mieux garder ses marchandises dans ses magasins pendant quinze jours, que de les laisser en route pendant le même espace de temps; outre qu'elles seront moins exposées à être avariées dans le premier cas que dans le second, il aura dans l'un la faculté de profiter des chances heureuses qu'il n'aurait pas dans l'autre.

Une autre circonstance doit contribuer à diminuer le transport par le canal : ce sont les glaces. Un canal peut se trouver pris pendant quinze jours ou trois semaines, et quelquefois pendant un mois; même avant qu'il soit devenu impraticable par la glace, on évitera souvent de s'y engager, do pour de s'y trouver pris pendant long-temps. On peut bien, pendant l'hiver, passer trois semaines sans glace; mais ce serait une grande imprudence d'y compter toujours, et de fonder sur cette espérance des spéculations commerciales. Des navires ou des bateaux, destinés à l'approvisionnement de Paris, qui se trouveraient pris par la glace, éprouveraient, par le seul effet du retard, des pertes très considérables, indépendamment de celles qui pourraient résulter d'une variation dans les prix; car tandis qu'ils attendraient le dégel, le roulage pourrait encombrer la place de marchandises.

Si le canal avait une profondeur suffisante pour recevoir des vaisseaux à quille, que ferait de ses matelots et même de ses officiers le navire qui viendrait du Havre à Paris? Ils lui seraient complètement inutiles, à moins de les employer à tirer avec les chevaux. Cet emploi de leurs forces serait fort peu avantageux, et il n'est guère probable qu'ils voulussent s'y soumettre. Il faudrait donc, ou que l'équipage fût amené inutilement à Paris, ou qu'il fût congédié pour six semaines ou deux mois en arrivant au Havre ; ce seraient, il faut en convenir, de singuliers moyens de faire prospérer la marine. Si, au contraire, le canal ne pouvait recevoir que des bateaux plats, soutiendrait-il la concurrence avec la navigation de la Seine ?

Enfin, en supposant tous les obstacles vaincus, et en déduisant des marchandises qui arrivent au Havre, celles qui se distribuent dans la partie inférieure du bassin de la Seine, celles pour lesquelles le canal serait une voie trop lente, et celles que le commerce serait obligé de faire venir par le roulage, soit à cause des glaces, soit à causes des réparations à faire au canal, ce serait porter très haut le nombre des tonneaux qui arriveraient du Havre à Paris par la voie du canal, que de les évaluer aux deux tiers de ceux qui arrivent au Havre. La compagnie du canal ne pourrait donc compter, pour ses revenus, que sur les droits de péage qu'elle percevrait annuellement sur environ 45,000 tonneaux venant du Havre ; et comme les exportations de Paris sont loin d'être égales à ses importations, comme les premières ne sont peut-être pas le dixième des secondes, ce serait porter très haut le commerce qui aurait lieu entre le Havre et Paris, que de l'évaluer à 50,000 tonneaux.

Cette évaluation faite d'une manière approximative, peut paraître trop basse, et cependant on la trouvera trop élevée si on la compare aux données que fournit la statistique. Suivant ces données, le Havre envoie à Paris 55,000 tonneaux de marchandises ; sur ce nombre, 40,000 arrivent par la Seine, et 15,000 par le roulage. On peut croire raisonnablement que celles qui arrivent par cette dernière voie continueront de la suivre, même après la formation du canal ; parce que le gain que le commerce fait par la vitesse, excède ce qu'il peut perdre par les frais de transport. Ainsi, d'après les relevés statistiques, le canal n'aurait à transporter que 40,000 tonneaux du Havre à Paris, en supposant que toutes les marchandises qui viennent maintenant par la Seine, prissent la voie du canal.

J'ai dit que les marchandises envoyées de Paris au Havre, se réduisaient à très peu de chose ; et en effet en quoi peuvent consister ces marchandises ? Quels peuvent en être le poids et le volume ? Ajoutons que si le canal doit avoir un grand avantage sur la Seine, quand il s'agira de porter les marchandises du Havre à Paris, la Seine aura toujours un grand avantage sur le canal toutes les fois qu'il s'agira de porter des marchandises de Paris à Rouen, et même au Havre. La force qu'il faut vaincre en remontant, est une puissance qui seconde gratuitement quand on descend. On ferait un fort mauvais calcul, si l'on croyait que pour connaître les produits du canal, on peut doubler la somme qu'auront produite les marchandises qui seront envoyées à Paris.

Mais toutes les marchandises que Paris reçoit par la Seine ne viennent point du Havre. En général, les vins du midi de la France se rendent directement à Rouen, et de là ils sont expédiés pour Paris. La partie inférieure du bassin de la Seine envoie également à Paris plusieurs de ses productions.

Pour déterminer les bénéfices que pourrait donner à la compagnie ou aux actionnaires du canal, le transport de ces divers genres de marchandises, il faudrait entrer dans des détails qui nous mèneraient ici trop loin. Il faudrait déterminer et la nature de chaque marchandise, et l'espace qu'elle a à parcourir, et l'intérêt qu'a le commerce de la faire arriver avec plus ou moins de rapidité. Il faudrait surtout calculer ce que coûte la navigation de la Seine, car la compagnie du canal ne pourra faire quelques bénéfices qu'autant qu'elle offrira un moyen de transport moins coûteux que celui qui existe déjà. Sans entrer dans ces calculs, on peut admettre que les marchandises qui arrivent à Paris sans avoir passé au Havre, donneront un bénéfice égal à celles qui auront été expédiées de ce port. Si le poids des premières est plus grand que le poids des secondes, celles-ci ont une valeur bien moins considérable que celles-là. Il est évident que, si l'on soumettait le bois, le charbon, le sel, le blé ou même le cidre, aux mêmes droits que les épiceries, ou que le sucre et le café, il arriverait que ces dernières denrées ne produiraient presque rien, ou que les autres continueraient de suivre le cours de la Seine, faute de pouvoir supporter les droits de péage. Celles qui arrivent de Rouen ou des lieux moins éloignés de Paris, ayant d'ailleurs à parcourir une distance infiniment moins grande, seront par cela même soumises à des droits moins élevés.

Examinons maintenant quels pourront être les produits du canal. Sur les 68,100 tonneaux qui arrivent au Havre, nous admettons que

Paris en recevra par le canal 45,000; nous pouvons même aller plus loin, et supposer qu'il en recevra 50,000. Si le commerce faisait arriver ces marchandises par le roulage, il les recevrait au bout de huit jours, mais il paierait 2 millions; car le prix actuel du transport d'un tonneau de marchandise du Havre à Paris, est de quarante francs. Le commerce, en supposant qu'il donne la préférence au canal sur le roulage, ne la lui donnera jamais que sous la condition que les deux millions consacrés aux frais de transport, acquitteront tout-à-la-fois les droits de péage, le fret des bateaux ou navires, et l'intérêt du capital des marchandises pendant l'excédant de temps qu'elles resteront en route.

Si le canal avait assez de profondeur pour admettre des vaisseaux à quille, il faudrait, pour transporter, du Havre à Paris, 50,000 tonneaux de marchandises, 500 navires du port de 100 tonneaux chacun; il faudrait de plus un cheval au moins pour tirer chaque navire, et un homme pour conduire le cheval. Voilà déjà cinq cents chevaux et cinq cents hommes à payer, pendant six semaines ou deux mois, outre le fret des cinq cents navires. Quelle pourrait être la somme nécessaire à ce paiement ? Je l'ignore, mais je crains bien qu'elle n'emporte une bonne partie des deux millions dont se contenterait le roulage. Ce n'est pas tout cependant : nous avons vu que les marchandises envoyées par le canal resteront en route quelques jours de plus que celles qui seraient transportées par le roulage. Ainsi, il faudrait retirer des deux millions, l'intérêt, pendant cet espace de temps, du capital énorme de 50,000 tonneaux de marchandises; et en l'évaluant seulement à 1/2 p. 100 par quinze jours, il laissera bien peu de chose pour les propriétaires du canal. *

Si le canal n'admettait que des bateaux plats d'une moindre capacité, il faudrait multiplier les chevaux et les hommes, et ce qu'on gagnerait d'un côté on le perdrait de l'autre.

Supposons cependant que les marchandises parties du Havre laisseront un revenu d'un million et demi aux propriétaires du canal, et

---

* En évaluant le tonneau de marchandises à 2,500 fr., c'est-à-dire à 1 fr. 50 cent. la livre, on obtient pour cinquante mille tonneaux, 150 millions de francs, et l'intérêt de cette somme, pendant quinze jours, à raison de six pour cent, donne 375,000 francs.

que les autres marchandises qui viennent de
Rouen ou des autres lieux placés entre Paris et
l'embouchure de la Seine, donnent actuellement
un autre million et demi, quels seront les sacri-
fices à l'aide desquels on achètera ce produit
annuel de trois millions ?

Il faudrait, pour résoudre cette question, des
données que je n'ai pas. Il est des personnes qui
pensent qu'il n'est pas possible d'exécuter le
canal sans un sacrifice de 175,000,000, et qui es-
timent qu'on est en perte dans une telle entreprise,
si le capital engagé ne donne pas un revenu de
7 et 1/2 p. o/o. Dans cette supposition, et en ajoutant à ce capital les intérêts du temps de l'exécution, il faudrait que le canal donnât un revenu
annuel de 15 millions, c'est-à-dire cinq fois plus
qu'il ne peut produire, en portant les recettes au
taux le plus élevé. Quinze millions de fr., consacrés à faire transporter des marchandises du Havre
à Paris, par le roulage, en feraient venir 375,000
tonneaux, et le Havre n'en reçoit que 68,100.
Le nombre des navires français entrés dans nos
ports en 1825, ne s'est élevé qu'à 2,700. En les
supposant tous complètement chargés, ils n'ont
pu apporter que 260,000 tonneaux de marchandises. Si donc tous ces vaisseaux étaient arrivés

au Havre, le roulage aurait pu amener leurs cargaisons à Paris, pour les 15 millions que devrait produire le canal, et il serait resté encore une somme suffisante pour faire venir 105,000 tonneaux de plus.

En voyant de tels résultats, on est obligé de croire que les personnes qui portent à 177,000,000 de francs, ont commis une erreur énorme; car si on n'était pas fermement persuadé qu'elles se sont trompées, on serait réduit à douter si les auteurs du projet ne dormaient pas au moment où ils l'ont formé *.

* Voyez la note 2, pag. 113.

CHAPITRE IV.

—

Des avantages, des inconvéniens que peut avoir un canal du Havre à Paris, pour les habitans de ces deux villes, et des autres villes commerciales de France, ou de l'influence qu'il peut exercer sur la production et sur la consommation.

Il est assez commun, chez les personnes qui sont étrangères à l'économie politique, de se faire illusion sur les causes des consommations que font les peuples. Ces personnes s'imaginent que si Paris et les villes qui viennent y former leurs approvisionnemens, ne consomment qu'une quantité donnée de marchandises, c'est uniquement parce que le commerce n'y en apporte pas davantage. C'est là une erreur; c'est prendre la cause pour l'effet. Si le Havre n'envoie que 55,000 tonneaux de marchandises à Paris, ce

n'est point par la raison qu'il n'en arrive que
68,100 tonneaux dans son port, et que le commerce ne peut en transporter davantage ; mais
il n'en arrive que 68,100 tonneaux au Havre, et
le Havre n'en envoie que 55,000 à Paris, que par
la raison que la population ne peut pas en payer
une quantité plus considérable. Si l'on ouvrait
du Havre à Paris un canal aussi large, aussi
profond, aussi beau que la Tamise ; si les nombreux vaisseaux qui parcourent actuellement ce
fleuve, arrivaient aux portes de Paris, chargés
de richesses, Paris n'en consommerait pas un
tonneau de marchandises de plus, si toutes les
choses restaient au prix où elles sont ; car toute
personne qui consent à donner d'une chose le
prix auquel elle se vend, trouve de cette chose
autant que ses besoins en demandent.

Ce n'est pas en creusant des canaux, en for-
mant des ports, qu'on augmente la consommation des choses ; c'est en produisant dans les
prix une baisse considérable. Or, quelle est la
baisse que peut produire dans le prix de chaque
chose, la formation d'un canal du Havre à Paris ?
Cette baisse ne peut porter que sur les frais de
transport, qu'on est obligé de faire pour faire
parvenir les marchandises d'une de ces deux

villes à l'autre. Voyons donc en quoi cela consiste. Nous avons évalué le tonneau de marchandises venant du Havre, à raison de 1 franc 50 centimes la livre, 2,500 francs. Pour en faire arriver une telle quantité du port du Havre à Paris, le roulage ne demande que 40 francs. Le marchand détaillant, l'épicier, par exemple, qui a fait venir un tonneau d'épicerie, doit répartir 40 francs sur les 2,000 livres dont le tonneau se compose, pour recouvrer ses frais de transport. Or, 40 francs, répartis sur 2 mille, n'augmentent la marchandise que de 2 centimes par livre. Supposons donc que le canal ait le succès le plus grand qu'il soit possible d'imaginer; supposons qu'il réduise de moitié les frais de transport (c'est beaucoup plus qu'on ne peut espérer); les marchandises qui arrivent du Havre diminueront d'un centime par livre, et ce que nous payons aujourd'hui 1 franc 50 centimes, ne nous coûtera plus que 1 franc 49 centimes.

Cette réduction de prix, qui ne peut même tomber que sur un petit nombre d'articles, et qui se réduit à un cent cinquantième, en accroîtra-t-elle de beaucoup la consommation ? C'est une question à laquelle les marchands peuvent répondre; ils peuvent savoir, par exemple, si lorsque le sucre baisse d'un centime par livre et le café de deux centimes, la consommation en devient beaucoup plus considérable. Supposons que la somme entière qui sera économisée par les frais de transport, soit employée à l'achat de marchandises de même nature ; supposons qu'au lieu de consommer 150 livres de sucre, au prix de 1 franc 50 centimes, on en consomme 151 livre, lorsqu'il ne se vendra plus que 1 fr. 49 cent. Dans cette supposition, le Havre aura à envoyer à Paris environ 366 tonneaux de marchandises dé plus qu'il ne lui en envoie maintenant, et cet envoi produira, pour les actionnaires du canal, l'énorme somme de 7,320 francs, à raison de 20 francs le tonneau.

L'utilité des canaux, et par conséquent les profits qu'ils peuvent donner à ceux qui les font exécuter, dépendent presqu'entièrement de la nature des marchandises qu'ils sont destinés à transporter. Qu'on suppose, dans les parties de la France les plus inaccessibles, des mines renfermant des métaux précieux, tels que de l'or et de l'argent ; quelle que soit la quantité de métal précieux qu'il s'agisse de transporter, et quelqu'élevés que soient les frais de transport, com-

parativement au poids ou au volume des marchandises, ces frais, comparés à la valeur des
objets transportés, seront toujours excessivement
petits. Une voiture qui ferait payer 1 franc par
livre de marchandise, serait excessivement chère,
et cependant 1 franc réparti sur une livre d'or ou
même d'argent, serait une valeur très peu considérable. L'économie qu'on pourrait obtenir, en
établissant des moyens de communication moins
dispendieux, serait peu de chose ; elle serait
d'autant plus petite, qu'elle ne saurait accroître
la demande ou la production de la marchandise
transportée, et que cette marchandise ne peut
jamais être produite ou consommée en assez
grande quantité pour qu'on puisse faire de
grands bénéfices sur les frais de transport. Ce
que je dis de l'argent et de l'or, on peut le dire
de la soie, de certaines huiles, et d'une multitude
de marchandises fabriquées : il n'y a de différence, d'un cas à l'autre, que dans les propor-
tions.

Mais si, au lieu de mines d'or ou d'argent, on
suppose des mines de fer, de sel ou de charbon,
des carrières de pierres propres à bâtir, des forêts
pouvant fournir des bois de construction ou de
chauffage, alors le cas est différent. Une dimi-

nution de 1 franc sur une livre d'or n'est rien,
et ne peut avoir d'effet sensible sur le commerce ;
une diminution de 15 centimes sur une livre de
fer, serait immense, et pourrait décupler la production et la consommation ; une diminution de
1 centime sur 1 livre de bois, ou de charbon, ou
de pierre, serait prodigieuse. Dans des cas pareils, le canal qui produit une économie dans les
frais de transport, crée en quelque sorte la valeur des choses, car il les met à la portée d'une
multitude de gens qui n'avaient pas le moyen de
les payer ; il est une source de prospérité pour
les pays qui possèdent les mines, les forêts ou
les carrières, pour les populations qui en achètent
les produits, et pour les capitalistes qui ont établi ce nouveau moyen de communication. Mais
a-t-on bien examiné jusqu'à quel point un canal
du Havre à Paris pourra influer sur les prix des
marchandises qu'il sera destiné à transporter ?
A-t-on calculé de combien il ferait baisser à Paris les denrées des tropiques ; et de combien il
réduirait dans les autres pays le prix des objets
fabriqués à Paris ? A-t-on fait attention que
celles qui ont une petite valeur relativement
à leur poids et à leur volume, peuvent déjà arriver par la Seine, et que pour en faire baisser le

prix d'une manière sensible, il faudrait en quelque sorte les transporter pour rien ? Si on s'était
livré à ces calculs, on se serait probablement
aperçu que le canal qu'on se propose, presque sans
utilité pour les habitans de Paris et pour les pays
auxquels ils envoient les produits de leurs manufactures, causerait la ruine des entrepreneurs ou
des actionnaires.

CHAPITRE V.

De l'influence que doit exercer sur la prospérité publique et sur la nature du gouvernement, un canal du Havre à Paris, suivant l'auteur de l'écrit intitulé : Paris port de mer, et de la confiance que doit inspirer au public l'entreprise de ce canal.

En faisant l'analyse des avantages que peut produire, pour la ville de Paris, le canal projeté, j'ai démontré que ces avantages seraient presque nuls : cependant, c'est dans cette ville qu'ils seraient presque tous concentrés. Qu'ont à gagner à l'exécution d'un tel projet les villes maritimes de France? Qu'ont à y gagner les populations qui habitent les bassins de la Loire, du Rhin ou du Rhône ? Les objets manufacturés que Paris peut leur envoyer par le moyen du canal, peuvent leur parvenir à moins de frais et en moins de temps en descendant la Seine; et si la formation du canal ne diminue pas les frais de transport, il ne diminuera certainement pas les frais de production; il ne fera donc baisser en aucune manière le prix des marchandises que Paris envoie par la mer, soit dans d'autres villes de France, soit à l'étranger. J'ai prouvé, d'un autre côté, que ce canal ne pouvait avoir aucune influence sensible sur le prix des choses qui arrivent par la mer ou par la Seine à Paris; et tant que le prix des choses ne sera pas diminué, on n'en demandera pas une quantité plus grande. Si la France n'a rien à gagner au canal, quelques villes peuvent avoir à y perdre. Rouen et le Havre, par exemple, sont loin d'être intéressés à ce qu'il soit exécuté.

Il semble contradictoire de dire que des villes ou des individus peuvent perdre par la formation du canal, et que d'autres ne doivent pas gagner. Rien n'est cependant plus ordinaire en industrie, que de voir des entreprises qui ne réussissent pas et qui en ruinent d'autres. Voici comment cela peut arriver dans le cas dont nous nous occupons : Supposons que les actionnaires sacrifient deux cent millions à l'exécution du canal ; lorsque ces deux cent millions auront été consommés, ils ne pourront pas être retirés de l'entreprise pour être employés ailleurs. Il faudra que les droits de péage soient assez bas pour attirer dans le canal les marchandises qui arrivent maintenant par la Seine ou par le roulage ; et quand même les actionnaires ne retireraient que 1/4 p. o/o de leur capital, ils seraient obligés de s'en contenter, ne pouvant pas employer le canal à autre chose qu'au transport des marchandises. Dans cette supposition, ils perdraient les dix-neuf vingtièmes de la somme qu'ils auraient consacrée à leur entreprise ; mais pour ne pas tout perdre, ils causeraient la ruine de la plupart des maisons qui ont employé leurs capitaux à créer d'autres moyens de transport. Le public gagnerait à cela fort peu de chose, parce qu'une différence qui serait insensible pour lui, suffirait pour changer le cours des choses.

Quels seront cependant les effets de ce canal, sur la fortune des Parisiens, suivant les prophètes de la compagnie ? Les voici tels que nous les présente l'auteur de l'écrit intitulé *Paris port de mer* : « Que deviendront un jour, dit-il, toutes ces spéculations hasardées sur les édifices de Paris ? A quoi se réduiront enfin ces richesses fictives et éventuelles établies sur des espérances incertaines et confiées à un avenir inconnu ? Il n'est personne qui, en contemplant cet amas extraordinaire de nouvelles constructions, n'appréhende les résultats douteux de ces spéculations aventureuses. Eh bien ! ces espérances douteuses seront certaines, ces richesses fictives deviendront réelles, le jour où il sera décidé qu'un canal joindra Paris à la mer; car ce jour sera le premier d'une nouvelle ère de prospérité nationale. De ce jour, toutes ces propriétés variables de leur nature, prendront une valeur fixe; les espérances seront calculées comme des résultats; la terre, déjà pesée plutôt que mesurée, sera d'un prix qui ne pourra convenir qu'à la plus habile industrie..... .

» Enfin, cette résolution doublera le crédit des entrepreneurs, consolidera les fortunes des propriétaires, enhardira aux mêmes spéculations ceux qui s'en effraient avec raison, et sauvera Paris des désastres de fortune dont on peut le croire menacé, et qui seraient comme un tremblement de terre dont les secousses se feraient ressentir dans toutes les parties de la France. »

L'auteur, pour faire adopter son projet, ne s'adresse pas seulement aux intérêts individuels; il flatte tour-à-tour la vanité, l'amour de la gloire, les jalousies provinciales et nationales, et toutes les passions qu'il croit propres à en favoriser l'exécution. Voici comment il débute : « Transformer, pour ainsi dire, une ville centrale en ville maritime, voilà de ces pensées qui élèvent les empires, qui portent en elles-mêmes les germes de toutes les grandeurs, renferment d'inépuisables richesses, promettent une vie nouvelle aux gouvernemens et aux peuples, et assurent à un vaste empire une suprématie imposante dans toutes les affaires politiques et commerciales.

» S'il est juste de rendre gloire à l'auteur de ce large dessein, il serait injuste de ne pas rendre grâces au gouvernement qui l'accueille et veut le féconder. Il ne nous offre pas assez souvent l'occasion de le louer, pour lui refuser cet hommage quand il a droit de l'attendre.

» Un noble monument de la puissance royale, qui est en même temps un immense bienfait national, suffit pour immortaliser un règne....

» Prenons date ici pour la gloire du roi régnant. Le plan d'un canal de Paris à la mer a été mis sous ses yeux; il a été frappé de ce noble projet, qui va faire de Paris la sœur et la rivale de Londres. Ce grand dessein est à la hauteur des vastes conceptions qui en ce moment sortent de toutes parts du génie de l'homme, et qui tiennent le monde dans l'attente de leurs immenses conséquences. »

L'auteur, s'adressant ensuite aux provinciaux et aux Parisiens qui peuvent être les plus susceptibles de vanité ou de jalousie nationale, leur parle en ces termes : « Ce n'est point aux villes de France, c'est aux villes maritimes étrangères à se plaindre et à concevoir une juste crainte que Paris port de mer ne change la direction du commerce du monde. Ce sont les villes qui font les affaires de l'Inde, qui doivent craindre que l'on n'ait plus besoin de leur intermédiaire. Paris, ville maritime, aura sa marine commerçante comme Londres et Amsterdam ; et comme elles, elle lancera ses vaisseaux sur toutes les mers et vers tous les points du globe. On peut prévoir enfin, sans s'exposer aux reproches d'une erreur, que Paris, ville maritime, donnera le plus grand développement aux affaires commerciales, placera la politique sous de nouveaux aperçus, changera de relations, en créera d'inattendues, et, par sa puissante influence, avancera l'époque d'une législation maritime depuis si long -temps demandée par tous les peuples. * »

L'auteur promet aux Parisiens, que par la formation du canal, leur ville échangera sa puissance empruntée contre une puissance réelle. « N'ayant de moyens propres que ceux qui lui sont communs avec tant d'autres villes, elle pouvait voir sa grandeur s'affaiblir et se trouver réduite au rang des villes de province; mais *désormais assise sur un canal maritime,* elle acquiert une puissance qui lui est personnelle, et qui lui ouvre une source si féconde de prospérités indépendantes des événemens politiques , que quand même elle serait saccagée et détruite, elle aurait toujours la puissance de remonter à sa grandeur ; (quel immense débouché offrirait aux denrées

* Pour concevoir le genre de craintes que Paris, port de mer , doit inspirer aux villes maritimes étrangères, il suffit de faire attention à deux faits : le premier, que, pour un navire, le voyage du Havre à Paris serait à-peu-près aussi long que le voyage du Havre à New-Yorck; le second, qu'un navire de cent tonneaux qui viendrait du Havre à Paris, aurait de plus à acquitter au moins 2,000 francs de droit de péage (20 francs par tonneau), outre les chevaux et les hommes employés au halage. Un navire surtout, quand le vent est favorable, est porté gratuitement de l'embouchure de la Tamise jusqu'à Londres en moins de vingt-quatre heures.

coloniales *une ville saccagée et détruite*, à laquelle on ne parviendrait que par un long voyage
et en payant des droits énormes! comme les
vaisseaux s'y présenteraient en foule!) et cette
puissance est telle désormais, qu'elle oblige le
gouvernement à se fixer dans son sein, et le met
dans l'impossibilité de s'en éloigner, *parce que
sa force morale et politique sera supérieure à
celle du gouvernement*, et cela même est dans
l'intérêt des rois...

» Il est devenu bien facile aujourd'hui de
gouverner les grands peuples. Tous les empires
ont une capitale dominante, où se concentre la
plus grande force des nations; et c'est au sein de
ces villes suprêmes que se forme l'opinion qui
règne chez tous les peuples, et qui devient leur
première loi, plus forte que toutes les lois écrites.
*On gouverne les provinces avec des ordres et
des circulaires;* tout se conforme à la conduite
des capitales; tout ce qui part de ces grands cen-
tres fait loi pour tout le reste. Si les capitales sont
soumises, les provinces le sont ; si elles se révol-
tent, les provinces prennent le même étendard.
*Toute l'action d'un empire est dans sa capitale,
tout le reste est passif.*

» Tout le secret des rois est donc de plaire

à leurs capitales, et de ne pas se brouiller avec elles, ainsi que le disait le grand czar, en parlant de Paris et des rois de France. Voilà un art politique bien simplifié, voilà la science du gouvernement bien abrégée : les rois n'ont plus qu'une ville à gouverner, et cette ville gouverne les autres. »

Ainsi, en faisant un canal du Havre à Paris, tous les intérêts, toutes les passions seront satisfaits : les entrepreneurs de maisons les loueront au prix qu'il leur plaira ; les propriétaires de terrains les vendront à la livre et au poids de l'or ; les rentiers verront doubler leurs capitaux ; les Parisiens deviendront une puissance supérieure à celle du gouvernement ; les ministres gouverneront toutes les provinces de France avec des ordres et des circulaires ; le roi se couvrira de gloire, et, pourvu qu'il ne se brouille pas avec Paris, il pourra traiter les provinces selon son bon plaisir, il n'y trouvera que de la matière passive : à l'exemple des sultans de Constantinople, il n'aura plus à ménager qu'une ville ; enfin, toutes les vanités nationales seront satisfaites : les ports de l'Angleterre, de la Hollande et de l'Allemagne deviendront déserts.

Si toutes ces heureuses prédictions n'étaient

faites que par un écrivain anonyme, et de son autorité privée, il ne vaudrait guère la peine de s'en occuper ; mais elles mériteraient plus d'attention, si, comme quelques personnes le croient, cet écrivain n'était que l'organe d'une puissante compagnie. Alors, des hommes méfians pourraient craindre que des spéculateurs n'eussent, par cet écrit, un double objet : l'un , d'engager le public ignorant à acheter des actions dans une entreprise dont il n'a aucun moyen de connaître les résultats ; l'autre, de circonvenir la puissance pour en obtenir une autorisation sans laquelle on ne peut rien faire. Mais le petit nombre de noms que l'on cite dans cette entreprise, ne permettent pas de former de pareilles conjectures ; et il est plus naturel de penser qu'on s'est exagéré les effets d'un projet qu'on a jugé trop précipitamment.

Mais comment croire qu'on se soit abusé ? Les plus habiles ingénieurs sont dans les conseils ou dans l'exécution ! Certes, je ne doute en aucune manière de l'habileté des ingénieurs ; je les crois, au contraire, des gens très capables ; mais il faut, pour faire réussir une entreprise pareille à celle qu'on se propose, plus d'un genre de capa-

cités. Ici, l'affaire des ingénieurs est de tracer la
ligne que doit parcourir le canal, de faire ni-
veler le terrain, de diriger en un mot les travaux de manière que le canal ait toute la solidité
possible. Le terrain étant donné, je suis persuadé
que tout cela sera fait aussi bien que cela peut
l'être, surtout si les ingénieurs ne sont pas sans
cesse contrariés par l'ignorance des commis, et
si leurs travaux sont payés selon leur valeur,
ce qui n'arrive guère. Mais est-ce l'affaire
des ingénieurs, de calculer si, quand le canal
sera fait, il y passera dix mille navires, ou s'il
n'y en passera que cinq cents? est-ce leur affaire de rechercher si ces navires porteront du
bois, du sucre ou de la canelle, ou quelle quantité ils en porteront ? est-ce leur affaire de
rechercher si les marchandises que Paris enverra
à l'étranger sortiront par le canal ou si elles
suivront le cours de la Seine? Ce qu'ils doivent,
c'est de livrer, dans un temps donné et au meilleur marché possible, à la compagnie qui les
emploie, un canal solide, bien pourvu d'eau,
ayant les dimensions requises, et conduisant, par
la voie la plus commode et la plus courte, aux
deux points qu'on leur aura indiqués ; exiger

autre chose d'eux, ce serait leur demander ce qu'on ne leur a jamais appris. *

Mais il n'y a pas seulement dans la société des ingénieurs habiles; il y a aussi, dit-on, des hommes éminens par leur position sociale, recommandables par leurs lumières et leur expé-

---

* On trouve, dans les *Mémoires sur les travaux publics de l'Angleterre*, de M. Dutens, publiés en 1819, toutes les connaissances qui sont propres à un habile ingénieur; mais on y chercherait vainement des faits statistiques sur les économies qu'on a obtenues dans les frais de transport au moyen des canaux; on n'y trouve presque rien sur le genre de marchandises dont les canaux ont favorisé la circulation; sur les frais de transport que coûtaient ces marchandises avant l'existence des canaux; sur la réduction des dépenses qu'on a obtenue; sur l'accroissement de consommation qui a été la suite de ces entreprises; sur l'état de l'agriculture, des manufactures et du commerce, avant et après la formation des canaux, et sur une multitude d'autres faits sans lesquels il est impossible de juger si ces moyens de communication qu'on ne peut jamais obtenir qu'à grands frais, sont de bonnes ou de mauvaises entreprises. Ce n'est cependant que sur les connaissances fournies par ces Mémoires ou sur des connaissances du même genre, qu'on a proposé aux Chambres, et que les Chambres ont décrété une multitude de canaux en France.

riencé! Qu'est-ce qu'on entend par-là? veut-on
dire qu'il y a des hommes illustres par leur naissance ou par les fonctions qu'ils remplissent?
Cela peut être encore, mais cela ne prouve rien
pour le succès de l'entreprise. On peut être très
grand seigneur, et entendre assez mal les affaires
commerciales; on peut avoir l'âme très élevée,
désirer très sincèrement de concourir à la prospérité de son pays, et être la dupe d'un spéculateur adroit. Si l'on voyait un négociant quitter
tout-à-coup ses magasins pour aller prendre part
à une intrigue de cour et lutter d'adresse avec
de vieux courtisans, on ne pourrait s'empêcher
de rire de sa présomption et de sa vanité. Mais
est-il bien sûr qu'un grand personnage que ses
habitudes ont éloigné de tout calcul mercantile,
se tirera mieux d'affaire, s'il va se mêler avec des
hommes qui ont vieilli dans les calculs, et qui
savent toujours se retirer à temps d'une entreprise périlleuse?

Il y a de plus dans la société, ajoute-t-on, de
grands capitalistes : cela se peut aussi, mais cela
ne prouve rien. On peut posséder de grands capitaux, et ne pas être doué d'une grande pré-
voyance. On peut s'engager dans une grande
entreprise dont on n'espère aucun bon résultat

définitif, avec l'intention de vendre ses actions avant que l'expérience ait désabusé le public des erreurs dans lesquelles on l'a entraîné. Il est bien des personnes qui font mal leurs affaires en achetant des rentes sur l'État; mais quoique l'Europe ait éprouvé bien des révolutions dans le cours de quelques années, nous n'avons pas observé que les grands entrepreneurs d'emprunts se soient ruinés.

CHAPITRE VI.

Les Expériences faites dans les canaux prouvent la nécessité des enquêtes, et doivent exciter la méfiance du public.

QUELLES sont les conséquences qu'il faut tirer des faits qui précèdent ? Une seule : qu'avant d'entreprendre il faudrait examiner ; qu'avant d'autoriser une entreprise gigantesque, les Chambres devraient s'informer et constater par une enquête, autant que cela est possible, quels seront les profits et les pertes qui résulteront de l'exécution du canal.

Cette enquête est commandée par l'intérêt de tout le monde, excepté par l'intérêt de ceux qui se proposeraient de profiter de la crédulité publique ; elle est commandée par l'intérêt des membres de la compagnie qui se présente, car elle les sauvera de leur ruine, si elle arrête l'exécu-

tion d'un mauvais projet, et elle aura pour effet
d'élever le prix des actions, si le projet résiste à
l'examen; elle est commandée par l'intérêt même
des ingénieurs, car quelque bien exécuté que soit
le canal, on leur reprochera d'y avoir concouru
s'il ne donne pas les profits qu'on en attend; elle
est commandée par l'intérêt des personnes dont
le canal traversera les terres, car ces terres seront
dégradées inutilement si l'entreprise est mauvaise; elle est commandée par l'intérêt du public
en général, car si le canal ne laisse point de profit, il causera la ruine des personnes qui auront
employé leurs capitaux à acheter des actions;
enfin elle est commandée par l'intérêt même du
gouvernement, puisque si l'entreprise échouait,
on verrait se tourner en honte la gloire qui lui
est promise, et qu'il aurait de plus à supporter
la haine de ceux dont il aurait causé la ruine par
son autorisation.

Une enquête faite par les Chambres et rendue
publique, serait d'autant plus nécessaire, qu'en
général les canaux qui ont été faits en France ont
été peu profitables pour les entrepreneurs ou pour
le public. Le canal du Languedoc est un des
mieux entendus ou des plus utiles que nous pos-
sédons; cependant il ne donne que 2 et 1/2

p. o/o du capital qui y a été consacré. En supposant les intérêts à 5 p. o/o, les entrepreneurs
ou les actionnaires ont donc perdu la moitié de
leur fortune.

Le canal de l'Ourcq devait, disait-on, ne coû-
ter que quelques millions et être terminé en peu
d'années; les admirateurs outrés du projet al-
laient jusqu'à prétendre qu'il suffirait de deux
années et de deux millions. L'administration
elle-même va nous donner en peu de mots le secret de ses bénéfices. En 1816, une commission
spéciale d'ingénieurs du corps royal des ponts-
et-chaussées a fait son rapport sur la situation
des travaux de ce canal, et ce rapport a été
imprimé en 1819, par ordre de M. le Préfet
de la Seine. Nous lisons dans l'Avant-Propos qui
précède le rapport : « L'administration a trouvé
dans ce rapport les renseignemens qu'elle avait
désirés. Rien ne lui a été dissimulé; mais en faisant connaître les imperfections du projet, la
commission a indiqué les corrections à faire; en
exposant les *inconvéniens*, elle a démontré les
avantages; à la suite des dépenses faites et à
faire, elle a énuméré les produits *présumés*; elle
a constamment balancé le pour et le contre, et
toujours le bien l'a emporté sur le mal. »

C'est ainsi que parle l'administration; et il résulte clairement de ses paroles qu'on a fait une bonne spéculation quand on a entrepris le canal de l'Ourcq; suivant elle, le *bien l'a toujours emporté sur le mal.* Nous trouvons, dans l'état comparatif des dépenses et des revenus, la somme de bien dont le mal se trouve excédé ; la voici en propres lettres, telle qu'elle nous est donnée par le rapporteur de la commission lui-même, à la fin de la page 164 :

PERTE SUR LE CAPITAL ET LES INTÉRÊTS
.... 18,483,748 fr. 41 c.

Ainsi, pour me servir du langage de l'administration, après avoir comparé le bien au mal, il nous restait au mois de février de 1816, un excédant *en bien* de 18 millions et demi *de perte.* La dépense s'élevait alors à près de 60 millions; et, si l'on ajoute à cette somme les intérêts qu'elle aurait produits depuis cette époque, on aura un capital qui, placé d'une manière sûre, fournirait à la ville de Paris, à perpétuité, une grande partie du vin qu'elle consomme. Cependant ce canal est encore loin de remplir sa destination; au moment où j'écris, il est, dit-on, rompu en deux endroits.

Le canal de Bourgogne, destiné à joindre la Saône à la Loire, est commencé depuis 1775; il a déjà coûté 14,800,000 francs, et les travaux qui restent à faire sont évalués par l'administration à 25,400,000 francs. En calculant le temps qui est nécessaire pour le finir, par le temps qu'ont exigé les travaux faits, il ne sera terminé que vers le commencement du siècle prochain, c'est-à-dire dans soixante-quinze ans. On aura alors dépensé 40,200,000 francs, et en ajoutant à cette somme les intérêts de 125 ans qu'aura duré l'entreprise, on trouvera pour résultat un *bien* non moins satisfaisant que celui qu'a produit le canal de l'Ourcq.

Le canal de Saint-Quentin coûte déjà 15 ou 16 millions; il donne annuellement une recette de 3 ou 400,000 francs, et cette somme est dépensée en frais d'entretien, de sorte que les produits sont nuls.

Le canal du Centre a été une entreprise moins mal entendue ; les revenus qu'il donne égalent presque les intérêts du capital qui y a été consommé.

C'est donc sciemment que nous consommons des capitaux immenses dans des entreprises où ils ne produisent rien; c'est sciemment que nous ravissons à l'agriculture, aux manufactures, au commerce, les capitaux dont ils ont besoin, pour leur offrir des moyens de transport qu'ils ne peuvent pas payer. Si les faits que je viens de rapporter n'en offraient pas une preuve suffisante; s'ils ne prouvaient pas qu'aux yeux de l'administration, une perte de 18 millions et demi est un bien, nous en trouverions une nouvelle preuve dans le rapport fait au Roi en 1820, par le ministre de l'intérieur. Nous y lisons, (page 3), que « s'il y avait des canaux *dont les produits annuels n'offrissent pas de dédommagement suffisant à des spéculateurs*, ceux-là seuls, si l'utilité publique en était démontrée, seraient entrepris aux frais de l'État, aussitôt que la situation des finances le permettrait, et que des fonds seraient demandés aux Chambres, qui voteraientavecempressementdestravauxdont elles reconnaîtraient les avantages. » Louis XIV disait : « un roi enrichit son peuple en dépensant beaucoup ; » et, avec cette maxime, il ruina la nation, par principe de conscience. Maintenant nous disons : un directeur-général des ponts-et-chaussées travaille à l'utilité publique, en tirant les capitaux des entreprises où ils produisent beaucoup, pour les consommer dans des entreprises où ils ne rapporteront rien.

Les moyens de communication, et particuliérement les canaux, sont incontestablement au nombre des causes les plus actives de la prospérité des nations; nous pouvons même dire que, sans communication, il n'y a presque pas de progrès possible pour un peuple. Ce serait cependant une grave erreur que de s'imaginer que, pour faire pr spérer une nation, il suffit de faire des canaux sur son territoire. Rien n'est assurément plus nécessaire que l'air, pour nous donner la santé et la force; mais que penserions-nous du médecin qui s'imaginerait que, pour rendre robuste un homme faible, il suffit de l'exposer au grand air ? Que penserions-nous de lui si, pour en donner à son malade plus qu'il ne lui en faut, il le privait d'alimens et de vêtemens ? Mais n'est-ce pas ainsi qu'en agissent nos faiseurs de canaux ? Les capitaux que nous employons à produire des marchandises, ou à les transporter d'un lieu à un autre, nous donnent 6, 7, 8 p. o/o, et souvent davantage; ceux qui sont employés aux transports que le commerce exige, ne produisent pas moins que les autres, sans quoi on en changerait la destination. Que font à cet égard nos ingénieurs et nos politiques ? Ils tirent de force les capitaux des industries dans lesquelles ils donnent 7 ou 8 ; ils les engagent dans des industries où ils produisent 2, 1, et quelquefois rien ; puis ils crient merveille ! et ils veulent que la nation les admire et leur dresse des monumens !

CHAPITRE VII.

*Des principales causes de la légèreté avec la-
quelle sont faites la plupart des entreprises publiques, et particulièrement les canaux.*

En recherchant les causes auxquelles nous
devons attribuer ces étranges manières de procéder, nous en trouvons trois principales. La
première est l'usage qu'ont adopté toutes nos assemblées législatives de décider sur tout, sans
chercher aucune lumière hors de leur sein, sans
examiner aucun fait, sans s'enquérir de rien. En
attaquant le pouvoir absolu des rois, nous avons
prétendu détruire le despotisme, et nous n'avons
fait que le transporter ailleurs. Nous avons ôté le
bon plaisir et la *très certaine science* au monarque,
et nous en avons fait présent à nos assemblées.

Mieux valait ne pas les déplacer. Les rois con-
sultaient leurs ministres, les ministres leurs
commis; mais jamais il n'arrive à un corps dé-
libérant de chercher hors de lui-même la connaissance d'un fait. Et ce n'est pas un reproche
qu'il faut adresser à telle assemblée législative plutôt qu'à telle autre; car toutes, depuis la première
jusqu'à la dernière, ont procédé d'une manière
semblable, et jamais le public n'a paru se douter
qu'il fût possible de procéder autrement.

La seconde cause de la légèreté avec laquelle
nous prononçons sur les intérêts les plus graves,
est l'incapacité dans laquelle nous sommes de
nous réunir pour la défense de nos intérêts. Dans
les pays qui ont l'habitude de la liberté, aussitôt qu'une grande mesure est proposée, tous
les intérêts de même nature se coalisent, soit
pour démontrer les avantages de cette mesure,
soit pour en faire voir les inconvéniens. On s'as-
semble, on délibère, on signe des pétitions, et
on les adresse aux Chambres; on compose, on
publie des mémoires, on les distribue à tous
ceux qui peuvent influer sur la résolution ; on
agit, en un mot, devant les Chambres qui doivent décider, comme on agirait devant un tribunal chargé d'une cause litigieuse ; jamais une

personne intéressée ne se laisse condamner par défaut.

Il n'en est pas ainsi parmi nous : si une mesure qui affecte en sens contraire plusieurs intérêts, est proposée aux Chambres, elle devient pour les salons de Paris un sujet d'éloges ou d'épigrammes; les journaux, selon leur couleur, publient un petit nombre d'articles pour ou contre; les individus dont les intérêts sont menacés se plaignent ou murmurent tout bas, attendant que quelque écrivain ou quelque orateur officieux prenne leur défense; si le mal devient trop grave, on espère que l'excès en apportera le remède; on attend qu'une heureuse révolution nous donne des préfets libéraux, et une gendarmerie protectrice des droits de l'homme; et si vous vous informez des causes qui doivent amener cette révolution merveilleuse, on vous dit d'un air de confiance qu'elle est inévitable et prochaine; et, pour que vous ne puissiez pas en douter, on ajoute à l'oreille qu'un prince russe a été étranglé. Mais de songer à une résistance légale et régulière, c'est ce qui ne vient à l'esprit de personne; il faudrait avoir pour cela le courage de se montrer, et nous attendons pour nous faire braves, que l'ennemi soit saisi de peur. En attendant, les Chambres délibèrent et décident sous la direction du ministère, et ne se mettent pas plus en peine des vains bruits qui se font entendre autour d'elles, qu'un vigoureux attelage excité par le fouet du cocher, ne se met en peine du bourdonnement des insectes qui se rencontrent sur sa route.

La troisième cause du défaut de calcul et de l'irréflexion avec lesquels on forme toute espèce d'entreprises, et particulièrement les canaux, est la constitution même de notre administration. La Hollande est coupée d'une multitude de canaux, et jamais, avant que nos armées l'eussent envahie, elle n'avait entendu parler d'un *corps royal d'ingénieurs de ponts-et-chaussées.* L'Angleterre en possède un nombre non moins grand; elle a des ponts auprès desquels les nôtres ne sont que des miniatures; quand elle veut que les ponts n'entravent pas sa navigation, elle trouve des hommes qui ouvrent au commerce des routes au-dessous des fleuves; mais elle ignore ce qu'est un *directeur-général des ponts-et-chaussées* et un *corps d'ingénieurs royaux.* Là, on paie bien; mais on ne paie que les gens qui travaillent, et le plus habile est le mieux récompensé.

Chez nous, c'est autre chose; nos savans sont des fonctionnaires enrégimentés, très mal payés à la vérité; mais aussi leur petit salaire est toujours assuré, qu'ils dorment ou qu'ils veillent, qu'ils travaillent ou qu'ils se reposent, qu'ils fassent bien ou qu'ils fassent mal. Or, ces savans sont des honnêtes gens qui ne veulent pas qu'on les paie pour rien, et leur chef pas plus que les autres. Afin de gagner leur argent et d'employer leur temps, ils prient la puissance législative de leur ordonner quelque chose, et elle leur commande mille lieues de canaux, comme elle commanderait 10,000 mètres de drap à un fabricant. Nos ingénieurs tracent donc des canaux, à droite, à gauche, en avant, en arrière, selon le vent. Ces canaux coûtent un peu plus qu'ils ne rapportent; ils ne sont pas toujours sur la ligne que pourrait désirer le commerce. Mais qu'importe ? on n'enseigne à l'école du génie ni l'agriculture, ni le commerce, ni l'économie politique. Et puis, que peuvent les commerçans, les fabricans, les agriculteurs pour les officiers du génie, ou même pour MM. les députés ? Et comment pourraient-ils exiger d'eux des travaux qu'ils ne peuvent pas diriger, des services qu'ils ne peuvent pas récompenser ? Oh ! grande nation que nous sommes! Nous nous prétendons le peuple le plus spirituel de la terre; mais si, au lieu de nous juger par nos livres, nous essayons de nous juger par notre conduite, nous ne pourrons voir en nous que la nation la plus vaine et la plus sotte du monde.

CHAPITRE VIII.

—

CONCLUSION.

En publiant ces réflexions, je ne me suis proposé qu'une chose ; c'est d'attirer l'attention publique sur une manière de procéder qui est également funeste à tout le monde. Il n'est pas question ici de renverser ou de faire triompher un système, de servir un parti aux dépens de l'autre ; il s'agit de porter la justice dans les lois, et de traiter les grands intérêts avec les mêmes égards que nous traitons les petits.

La méthode d'instruction que j'ai tâché d'exposer, n'est hostile pour personne, ne peut blesser aucune vanité, ne peut être condamnée par aucune juste demande, attaquée par aucune fausse prétention ; elle exclut tous les faux systèmes, et met un terme aux déclamations, de quelque côté qu'elles viennent.

Pour mieux faire comprendre les avantages de cette méthode, j'ai pris un sujet auquel toutes les passions politiques sont étrangères, mais dans lequel la fortune de beaucoup de personnes peut se trouver compromise. Les opinions et les systèmes sont aujourd'hui peu de chose; si l'on paraît encore y tenir, ce n'est que comme moyen de considération ou de richesse. La fortune est la divinité que tout le monde encense; et, si l'on veut se faire écouter en parlant de liberté, de justice, de probité, il faut que nos maximes aient immédiatement pour principe ou pour conséquence, de l'argent.

J'ai donc parlé d'argent, pour exposer ce que j'avais à dire sur le moyen de porter la justice dans les lois, et d'en extirper l'arbitraire. Mais en faisant l'examen d'un projet que je ne connais que de la manière la plus imparfaite, je n'ai eu pour but, ni d'attaquer les idées, ni de blesser les intérêts de qui que ce soit. J'aurais pris un exemple supposé, si je n'avais pas été convaincu que, pour se faire lire, il faut écrire sur des réalités.

Il est des personnes qui s'imaginent que la méthode des enquêtes est funeste aux ministres ;

ces personnes se trompent; il n'y a pas de méthode plus propre que celle-là à mettre les principaux agens du gouvernement à l'abri des importunités, des intrigues, des déclamations. Je vais en donner la preuve.

En général, les hommes qui aspirent à monter, se plaisent au changement; mais ceux qui sont parvenus au ministère, sont naturellement disposés à croire que tout est bien; leur tendance naturelle est le repos; pour eux, le *statu quo* est ce qu'ils peuvent voir de mieux, et, s'ils avancent ou s'ils reculent, c'est qu'on les tire en avant ou en arrière.

Supposons donc un ministère comme ils sont naturellement tous. Un député de la droite se présente et se plaint que tel culte n'est pas suffisamment protégé par les geôliers ou par les bourreaux; ses plaintes sont appuyées par de pieux prélats et par des saints de cour. Que fera, dans de pareilles circonstances, un ministre sensé? prendra-t-il la défense de la législation établie? opposera-t-il des déclamations à des déclamations, des intrigues à des intrigues? Il s'en gardera bien; il n'ira pas s'exposer à être accusé d'indifférence, d'incrédulité, d'athéisme, et peut-être de philosophie; il n'ira pas s'engager

dans une lutte d'intrigues, où tout l'avantage est
du côté de celui qui attaque. Mais il dira : vous
vous plaignez que telle loi est insuffisante, que
tel genre de désordres n'est pas réprimé. Cela
est possible, mais je n'en sais rien. Allons donc
aux Chambres ; là, nous ferons apporter les procédures qu'on a déjà faites et les arrêts qu'on
a rendus ; nous appellerons des témoins pour
constater les désordres dont vous vous plaignez
et pour en rechercher les causes. Lorsque nous
aurons constaté l'existence du mal, et que les
causes en seront dévoilées, nous appliquerons le
remède ; nous corrigerons les lois, si c'est dans
les lois qu'est la cause du mal.

Supposons qu'un second député, la tête rem-
plie des idées qui régnaient en Europe, il y a
deux siècles, vienne presser les ministres de réfor-
mer les lois sur les successions ; qu'il prétende
que la manière dont les fortunes se distribuent,
menace l'existence de la monarchie et la sûreté
publique. Un ministre de bon sens prendra-t-il
la défense de ces lois ? Non assurément ; il n'affir-
mera pas ce qu'il ignore ; il ne se fera pas accuser par
ses ennemis d'être un niveleur, un ennemi secret
de la monarchie. Il dira : demandez une enquête,
et j'appuierai votre demande si je vois la majo-

rité disposée à vous écouter. Là, vous exposerez nettement les faits dont vous vous plaignez; nous nous ferons représenter le tableau du mouvement des propriétés depuis trente ans, pour savoir quelle est en France la manière dont les propriétés se trouvent divisées; nous nous ferons représenter un tableau des donations et des testamens, pour savoir quelle est la manière dont les parens disposent de leurs biens; nous examinerons ensuite quelles sont les liaisons qui existent entre cet ordre de choses, et les maux dont vous vous plaignez; et, si nous voyons que c'est de la loi des successions que sortent le vagabondage, les vols et les conspirations, nous la corrigerons.

Et qu'on ne s'imagine pas qu'en suivant une telle marche, on eût beaucoup d'enquêtes à faire; car les rêveurs politiques, obligés de renoncer à un monde imaginaire pour se jeter dans un monde réel, abandonneraient leurs rêves aussitôt qu'ils seraient obligés d'en venir à l'examen des faits. Les ministres n'auraient besoin de s'être formé d'avance aucun système de gouvernement; car, dans chaque question, ils n'auraient d'opinions à émettre que lorsque les faits les auraient éclairés avec le public. Ils ne seraient moralement responsables d'aucune mesure législative, puisqu'elles sortiraient toujours des faits qui auraient été constatés. Ils n'auraient point de rivaux à craindre, puisque lorsqu'une question a été bien éclaircie, il n'est presque personne qui n'ait une capacité suffisante pour la résoudre. Enfin, cette manière de procéder, qu'on croit si défavorable aux ministres qui veulent rester en place, est si commode pour eux; elle les place tellement hors de l'influence des intrigans et des déclamateurs, qu'il est peut-être à craindre que, pour se rendre inamovible, M. de Villèle ne s'avise un jour de l'adopter.

NOTE I.

Pour mettre le lecteur à même de comparer les revenus que peuvent donner en Angleterre les canaux maritimes, aux revenus que peuvent donner en France les mêmes canaux, je donne ici l'état des navires qui sont entrés dans les ports de la Grande-Bretagne, dans les années 1822, 1823 et 1824. Cet état, qui indique aussi le tonnage des vaisseaux, est extrait des pièces mises par le ministère sous les yeux du parlement. La lettre **A**, placée devant les nombres de la première colonne, indique les navires anglais ; la lettre **E** les navires étrangers.

Sont entrés dans le port de Londres,

En 1822 :

Navires.	Tonneaux.
A. 3,230.	603,167.
E. 597.	106,099.
3,827.	709,266.

En 1823 :

	Navires.		Tonneaux.
A.	3,031.	——	611,451.
E.	865.	——	161,705.
	3,896.	——	773,156.

En 1824 :

	Navires.		Tonneaux.
A.	3,132.	——	607,106.
E.	1,643.	——	264,098.
	4,775.	——	871,204.

Sont entrés dans les ports de l'Angleterre,

En 1822 :

	Navires.		Tonneaux.
A.	9,416.	——	1,398,476.
E.	2,860.	——	387,812.
	12,276.	——	1,786,288.

En 1823 :

	Navires.		Tonneaux.
A.	9,635.	——	1,481,193.
E.	3,486.	——	497,149.
	13,121.	——	1,978,342.

(111)

En 1824.

	Navires.	Tonneaux.
A.	9,975. ——	1,507,107.
E.	4,879. ——	650,128.
	14,854. ——	2,157,235.

Entrés dans les ports de l'Angleterre, de l'Écosse et de l'Irlande.

En 1822 :

	Navires.	Tonneaux.	Marins.
A.	11,087. ——	1,664,186. ——	98,976.
E.	3,389. ——	469,151. ——	28,421.
	14,476. ——	2,133,337. ——	127,397.

En 1823 :

	Navires.	Tonneaux.	Marins.
A.	11,271. ——	1,740,859. ——	112,224.
E.	4,069. ——	582,996. ——	38,028.
	15,340. ——	2,323,855. ——	150,252.

En 1824 :

	Navires.	Tonneaux.	Marins.
A.	11,733. ——	1,797,320. ——	108,700.
E.	5,653. ——	759,441. ——	42,112.
	17,386. ——	2,556,761. ——	150,812.

Si nous comparons le nombre des navires entrés dans

les ports de la Grande-Bretagne en 1824, à ceux qui sont entrés dans les ports de France en 1825, nous trouverons que le nombre des premiers excède le nombre des seconds de 10,680.

Le nombre des navires entrés dans les ports de Londres en 1824, excède le nombre de navires entrés dans le port du Havre en 1825, de 3,215; la première de ces deux villes a reçu de plus que la seconde, 705,056 tonneaux de marchandises.

Dans ce nombre ne sont pas compris les vaisseaux employés au transport du chauffage; le nombre de ces vaisseaux s'est élevé en 1824 à 7,272, portant 1,524,807 chaldrons 3 vats de charbon de terre.

Si l'on fait attention à cette immense quantité de marchandises que l'Angleterre reçoit de plus que la France; si l'on fait attention, de plus, que dans le premier de ces deux pays le nombre des habitans est double de ce qu'il est dans le second sur une étendue égale de terrain; si l'on se rappelle enfin que les objets dont le transport est le plus difficile et le plus dispendieux, arrivent de loin sur un grand nombre de points de l'Angleterre, tandis qu'en France chacun les trouve, en quelque sorte, à côté de soi, on concevra sans peine comment des canaux, qui sont chez les Anglais des entreprises bien entendues, peuvent être chez nous des entreprises insensées et ruineuses.

Sur environ 6,700 navires qui entrent dans nos ports annuellement, il n'y en a que le tiers qui nous appartiennent; sur les 17,386 qui entrent dans les ports des Anglais, il y en a les deux tiers qui sont à eux.

NOTE II.

Il est des personnes qui ne peuvent pas se figurer que les entreprises formées par les gouvernemens, soient de même nature que celles qui sont formées par les particuliers; elles s'imaginent que toute valeur perdue par l'administration est nécessairement gagnée par le public. Si les revenus d'un canal, disent-elles, n'égalent pas les intérêts qu'auraient produits, dans d'autres branches d'industrie, les capitaux employés à le former, les citoyens trouvent d'un côté ce qu'ils ont perdu de l'autre; ils paient moins cher le transport de leurs marchandises. Pour apercevoir la fausseté de ce raisonnement, il suffit d'en faire l'application à des faits positifs.

Le nombre de navires qui sont arrivés au Havre en 1825, a été de 681, du port de 100 tonneaux chacun. Ce sont donc 68,100 tonneaux de marchandises qui ont dû se distribuer entre les habitans du bassin de la Seine. Sur ce nombre, environ 55,000 ont été envoyés à Paris, soit par le moyen du roulage, soit par la navigation de la Seine. Le prix actuel du roulage du Havre à Paris est de 40 francs par tonneau ; ainsi, en supposant que le transport par la Seine soit aussi dispendieux que le transport par terre, les Parisiens ont payé en frais de transport

55,000 pièces de 40 francs : somme totale, dans le cours d'une année...................... ..... 2,200,000 f.

Si nous supposons qu'ils ont payé de plus une somme égale, pour le transport des marchandises qui sont venues par la Seine, sans passer par le Havre, nous aurons à ajouter...... .... 2,200,000 f.

Total des frais de transport pendant une année........ .... 4,400,000 f.

Pour payer annuellement cette somme, en supposant l'intérêt à 5 pour cent, il faut un capital de................ ..... 88,000,000 f.

Supposons maintenant que l'administration, voulant diminuer les frais de transport, se présente et construise un canal du Havre à Paris; ce canal construit, les frais de transport diminuent des trois quarts : au lieu de payer quatre millions quatre cent mille francs, les Parisiens n'ont plus à payer qu'un million cent mille francs. C'est comme s'ils avaient gagné les trois quarts du capital de quatre-vingt-huit millions , c'est-à-dire............................. ... 66,000,000 f.

Mais le canal n'a pas été construit gratuitement ; l'administration, pour l'exécuter , a fait un emprunt de..˙...... 175,000,000 f.
(C'est la somme la plus basse à laquelle on évalue les travaux qui sont à faire.)

Ce canal ne donnera un revenu que le

jour où il sera terminé; et en supposant qu'on mette dans cette entreprise la moitié ou le tiers du temps qu'on a toujours mis en France à exécuter des entreprises analogues, il ne faut pas espérer qu'il soit ouvert à la navigation avant dix ans. Partageant ce temps par la moitié, et supposant la dépense répartie d'une manière égale entre les dix années, il faut ajouter au capital emprunté les intérêts de cinq ans, c'est-à-dire....... 43,750,000 f.

Total de la dépense ou de la somme empruntée....................... 218,750,000 f.

Je néglige les intérêts des intérêts, pour ne pas compliquer le calcul.

Les Parisiens auront donc à payer à perpétuité, aux prêteurs du capital, en supposant qu'ils empruntent à 5 pour cent........................... 10,937,500 f.

Il faudra ajouter à cette somme ce qu'ils paieront pour le transport de leurs marchandises, même après la formation du canal, ci...................... 1,100,000 f.

Somme à payer toutes les années..... 12,037,500 f.

Augmentation réelle dans les frais de transport.......................... 7,637,500 f.

Ainsi, le tonneau de marchandises qui ne coûte aux Parisiens, en frais de transport par le roulage, que 40 francs,

leur coûtera, par la voie du canal, près
de trois fois autant : c'est exactement
comme s'ils avaient perdu un capital
de.. 152,750,000 f.

Ce n'est pas tout; en même temps qu'ils paieront en
frais de transport près de trois fois plus qu'ils ne payaient
auparavant, il ne leur sera plus possible de revenir au
moyen actuel : car lorsqu'un capital est consommé dans
la formation d'un canal, il n'y a plus moyen de l'en dé-
gager. On aura donc, de plus, opéré la ruine des maisons de commerce qui ont déjà établi des moyens de
transport moins dispendieux. En les mettant dans l'impossibilité de soutenir la concurrence, on aura détruit
une grande partie des capitaux qu'elles ont engagés dans
ce genre d'industrie. Voilà ce que nos administrateurs
appellent *travailler à la prospérité publique*.

FIN.